# DESCUBRA
# O MILIONÁRIO
## QUE EXISTE EM VOCÊ

PEDRO QUEIROGA CARRILHO

# DESCUBRA O MILIONÁRIO QUE EXISTE EM VOCÊ

Como multiplicar as suas fontes de rendimento

Copyright © Pedro Queiroga Carrilho, 2014

Título original: *Descubra o milionário que há em si*

PREPARAÇÃO DE TEXTO Eliana Rocha
REVISÃO DE TEXTO Midori Yamamoto
DIAGRAMAÇÃO E CAPA S4 Editorial
IMAGEM DE CAPA Dreamstime

---

CIP-BRASIL. CATALOGAÇÃO-NA-FONTE
SINDICATO NACIONAL DOS EDITORES DE LIVROS, RJ

C316d

Carrilho, Pedro Queiroga
    Descubra o milionário que existe em você: como multiplicar suas fontes de rendimento/Pedro Queiroga Carrilho. – 1. ed. – São Paulo: Planeta, 2013.
    208 p. ; 21 cm.

Inclui bibliografia
ISBN 978-85-422-0248-9

1. Finanças pessoais. 2. Investimentos – Brasil. 3. Investidores (Finanças) – Orientação profissional. 4. Mercado financeiro. I. Título.

13-06908                                                    CDD: 332.024
                                                              CDU: 330.567.2

---

2014
Todos os direitos desta edição reservados à
EDITORA PLANETA DO BRASIL
Avenida Francisco Matarazzo, 1500 | 3º andar | conj. 32B
Edifício New York | 05001-100 | São Paulo | SP
www.editoraplaneta.com.br
atendimento@editoraplaneta.com.br

O que você faria se nas próximas páginas encontrasse algumas técnicas para ter mais dinheiro e qualidade de vida?

# Sumário

Prefácio .................................................................................. 9
Quer ganhar mais dinheiro? ............................................... 13

## PARTE 1 – ONDE VOCÊ ESTÁ HOJE? ........................... 19
Valor líquido ........................................................................ 19
Fases financeiras ................................................................. 26
Objetivos financeiros .......................................................... 34
Planos financeiros ............................................................... 42

## PARTE 2 – PARADIGMAS DOS MILIONÁRIOS ............ 59
Atitudes dos milionários .................................................... 60
Mentores ............................................................................. 70
Dinheiro e felicidade .......................................................... 75
Elimine a raiz dos problemas financeiros ........................ 81

## PARTE 3 – METODOLOGIAS MILIONÁRIAS ............... 93
Diversifique seus rendimentos .......................................... 94
Rendimentos residuais ..................................................... 105

Métodos acelerados .................................................................. 117
Torne-se um perito .................................................................. 127

## PARTE 4 – CRIE SEU PRÓPRIO NEGÓCIO ............... 137
A "carreira" de empreendedor ................................................ 138
Encontre oportunidades de negócio ....................................... 150
Escolha seu negócio ................................................................ 159
Planeje o negócio .................................................................... 175

E agora? ................................................................................... 199
Bibliografia ............................................................................... 201
Agradecimentos ...................................................................... 203
Índice remissivo ...................................................................... 205

# Prefácio

*Lisboa, 30 de julho de 2010*

Aceitei o convite, que agradeço, de Pedro Carrilho para escrever o prefácio do livro *Descubra o milionário que existe em você*, não na qualidade de milionário "perito", mas sim como alguém que tentou ser independente, que conseguiu atingir alguns objetivos e falhou em outros, que acredita que é possível fazer mais e melhor, que quer fazer mais porque gosta e porque se diverte trabalhando com pessoas e em equipe. Também como alguém que acredita que o dinheiro é uma consequência e um meio, não um fim em si mesmo. Uma consequência de um talento invulgar, de uma ideia brilhante, de um trabalho benfeito, de uma gestão eficiente, do aproveitamento de uma oportunidade ou de qualquer outra coisa diferenciada, que a princípio não seja óbvia e traga valor agregado.

Como diz o anúncio da Accenture, *"there comes a time when the perfect ideas meet the perfect execution"*,[1] ou seja, não basta ter talento ou ideias, é preciso ter ferramentas para colocá-las em

---

[1] "Chega uma hora em que as ideias perfeitas são executadas com perfeição."

prática e concretizá-las de uma forma eficiente e estruturada. Nesse sentido, o papel da educação é fundamental, e, se para muitos, como eu, que tiveram o privilégio de poder estudar numa boa faculdade de administração, essas ferramentas foram incutidas ao longo de cinco anos, para outros existem, felizmente, atalhos, como este livro escrito com sabedoria e maestria por Pedro Carrilho, que lhes permite, pelo menos, deixar de ser um leigo nessas matérias.

Este livro é também bom para reviver alguns conceitos e ter uma abordagem diferente, e por isso poderá servir para refrescar a memória de quem já não olha para esses temas há muito tempo ou neles ficou parado.

*Descubra o milionário que existe em você* aborda desde o planejamento financeiro pessoal até o empreendedorismo, passando pelos "problemas" dos ricos e por algumas metodologias de avaliação de investimentos, sempre úteis para qualquer tomada de decisão. Faz isso de uma forma simples mas rigorosa, sintética mas abrangente, permitindo ao leitor ter uma base mínima para decidir mais depressa e melhor.

Não garante decisões certas, porque a gestão de empresas, os mercados financeiros e o empreendedorismo estão longe de ser uma ciência exata, e é precisamente por isso que são fascinantes e que você – sim, você, que está agora lendo este prefácio – pode ser diferente, pode ser um vencedor. Só precisa não ter medo de perder. Eu já perdi, e isso custa, mas não dói, garanto-lhe, você só fica mais forte. Depois, ganha em outra oportunidade e sente-se ainda melhor!

Não tenha medo de pensar "fora da caixa", diferente ou ao contrário. Lembre-se sempre de que é melhor uma decisão errada do que uma não-decisão. Comece com o pé direito, mesmo tomando uma decisão errada. Lembre-se da diferença entre desejar e querer: um é pensar, outro é poder. Sonhe com o que gostaria de ter e pense nisso, várias vezes...

Lembre-se também de que seu percurso vai ser feito de uma série de decisões, e que é preferível arrepender-se do que fez do que daquilo que deixou de fazer. Seja senhor do seu destino, porque isso lhe dará descanso. Aprenda a pensar pela sua cabeça, não pela dos outros, e a confiar nela, porque só assim aceitará uma derrota ou sentirá a verdadeira satisfação da vitória.

Tenha sempre presente que o lucro é a remuneração do risco e que sem risco não vai ter lucro. Isso não existe, é mentira. Vale sempre a pena entender que riscos você está correndo, para mais tarde não ser surpreendido.

Todos temos instinto, uns mais, outros menos. Aprenda a conhecê-lo e a lidar com ele, porque um dia, sem você perceber, ele pode vir a ser o seu melhor amigo.

Como o ótimo é inimigo do bom, não perca muito tempo em melhorar aspectos que no final não valem nada. Comece pelo bom e vá melhorando pelo caminho.

Termino recomendando-lhe que leia este livro com atenção e garanta a si mesmo que entendeu. Se tiver que ler duas ou três vezes, não tem problema, você só tem a ganhar! E não se esqueça: pense positivo, seja otimista, é o seu melhor começo!

Boa sorte,

DUARTE D'OREY
Presidente Executivo da Sociedade
Comercial Orey Antunes, SA

# QUER GANHAR MAIS DINHEIRO?

*Nenhum homem enriquece sem enriquecer outros.*

ANDREW CARNEGIE

Com o fim do ciclo de crescimento da última década no Brasil, muitas são as pessoas que se perguntam como ganhar mais dinheiro. Poupar mais não é a solução para todos, pois muitos já têm de fazer enormes ginásticas financeiras para conseguir chegar ao fim do mês. Por isso a alternativa é gerar mais rendimentos.

Para criar riqueza de forma idônea, o segredo está na diversificação de fontes de rendimento e no empreendedorismo. Esta é uma boa prática da nossa classe empresarial que, ao deparar com elevada dependência do setor público e o peso das máquinas fiscais e legais, procura diferentes linhas de negócio. Claro que uma economia favorável ajuda, mas o estudo da criação de riqueza mostra também que os milionários, independentemente das circunstâncias externas, se adaptam às situações e procuram negócios que atraiam dinheiro.

Se você realmente quer ganhar mais dinheiro, tem de começar a estudar e aprender com quem já fez isso. Não é estudando o endividamento e a pobreza que você conseguirá ter mais recursos. Surge, assim, como primeiro passo, o estudo das metodologias milionárias, das boas práticas e dos paradigmas que as pessoas mais bem-sucedidas utilizam para criar mais riqueza.

Este livro pretende ajudar os brasileiros a ganhar mais dinheiro. É um desafio ousado, tendo em conta a multiplicidade de métodos para produzir mais dinheiro e a impossibilidade de analisar a situação pessoal de cada um. No entanto, se você quer ter mais dinheiro do que a média nacional, vai ter, certamente, de fazer algo diferente. Rapidamente você vai perceber que não existem fórmulas mágicas e que os segredos para o sucesso terão de aparecer gradualmente, com um olho desperto para a vida e para os negócios. Naturalmente, estudar quem o fez e como o fez irá ajudar. Nos últimos anos, tenho tido o privilégio de ajudar milhares de pessoas com suas finanças pessoais e tenho aprendido muito com seus negócios, experiências e vidas. Das várias conversas com amigos e mentores milionários surgiu a vontade de escrever este livro, como parte de minha contribuição para a melhoria da educação financeira dos brasileiros. Pretendo partilhar com você meu conhecimento e minha experiência em ganhar mais dinheiro. Para receber mais, temos também de dar mais, e sempre me questionei acerca do seguinte: se há pessoas que têm facilidade em fazer dinheiro, por que é que há outras que não têm? Será que essas competências podem ser aprendidas por outros? Eu acredito que sim. Você terá então de escolher um lado da ampulheta: numa época em que as oportunidades de enriquecimento começam a se tornar menos fáceis, ficando os pobres mais pobres e os ricos mais ricos, de que lado você quer estar?

## Quem sou eu para lhe demonstrar como ganhar dinheiro?

Há cerca de cinco anos terminei meus estudos e arranjei trabalho com carteira assinada. No entanto, dediquei-me também a ganhar dinheiro a sério. Pouco tempo depois e em paralelo, fundei a minha empresa, escrevi o *best-seller* de educação financeira em Portugal e no Brasil, *O seu primeiro milhão*, e comecei a investir, diversificando meus rendimentos. Na prática, tenho duplicado meus rendimentos todos os anos, tenho a qualidade de vida que planejei e várias fontes de rendimento, que me permitem ganhar dinheiro mesmo enquanto durmo.

Sei por experiência própria que tudo o que quero transmitir neste livro pode ser replicado, se você realmente quiser, e tenho resultados para lhe mostrar. Parte do meu caminho tem sido ajudar milhares de pessoas a melhorar sua relação com o dinheiro e a realizar seu potencial financeiro. Por esta e outras razões, este não é um livro teórico, mas uma análise e exposição de parte do meu processo enquanto empreendedor empirista, durante o qual crio a minha riqueza por meio da experiência, ao mesmo tempo que ajudo outros.

A verdade é que tenho tido a sorte e a capacidade de me dedicar a áreas de que gosto e que são também propícias ao "aparecimento" de dinheiro. No entanto, só conheço um método para ganhar dinheiro de forma idônea: trabalho, paixão e mais trabalho. Naturalmente, o estudo dos processos para ganhar dinheiro é fundamental, e este livro debruça-se exatamente sobre isso.

Irei falar do processo empreendedor como meio para ter mais dinheiro e para ajudar o Brasil. É nas pequenas empresas que está o dinheiro, e nos dias de hoje o empreendedorismo talvez seja mais seguro do que o trabalho assalariado. Deixe-me também dizer-lhe que mesmo em países desenvolvidos ninguém se mantém na pobreza por falta de recursos, pois boas oportunidades não faltam. É sempre possível ir mais longe. Quando se quer realmente uma coisa, ela acontece.

A realidade é que por vezes não a queremos o suficiente, de forma a combatermos o medo ou pensarmos mais nas soluções e menos nos problemas. O problema é parte essencial da solução, e neste livro quero falar mais em soluções e reduzir, ou mesmo eliminar, a utilização das desculpas que formam barreiras na passagem à ação.

## Como posso ler este livro e ganhar mais dinheiro?

O livro está construído como um guia prático para a criação de capital. Peço-lhe que confie no processo deste livro e o leia pela ordem apresentada.

Pessoas diferentes têm métodos diferentes de ganhar dinheiro, mas, para qualquer uma, o primeiro passo é saber onde está hoje, tomando consciência da sua realidade e da que está à sua volta. Em seguida, você deverá traçar objetivos financeiros e de vida, definindo para onde quer ir. Começar com o fim em mente ajuda a visualizar o que se pretende e auxilia o terceiro passo, que será a procura de soluções e o estudo de algumas metodologias para gerar dinheiro. Por fim, nenhuma visão se concretiza sem que se passe à ação, sendo assim o livro culmina com um conjunto de próximos passos, planos práticos e seu compromisso relativamente a algumas ações a efetuar, para ajudar você a empreender e ganhar mais dinheiro.

Você também encontrará ao longo do livro ferramentas práticas que as pessoas mais bem-sucedidas financeiramente dominam. Todos precisamos de algumas técnicas e atalhos comprovados para nos ajudar no caminho da criação de dinheiro. Sempre que vir o símbolo ⚒ pondere se está utilizando essa ferramenta na sua vida.

## O que você vai encontrar neste livro?

Este livro não oferece chaves para a vida ou escapatórias para o seu trabalho atual, e também não é uma obra simplesmente motivacional. Nele, exploro métodos testados para ajudá-lo a realizar seu potencial financeiro, esperando contribuir para seu desenvolvimento pessoal e monetário. Se pensa que falo em esquemas para gerar dinheiro rapidamente ou métodos para persuadir ou enganar outros, fique sabendo que não. Está mais do que provado que o enriquecimento rápido, sem valores, corrompe e é mais um fardo do que uma riqueza. Exploro também oportunidades de negócio e dedico-me ao estudo de várias metodologias usadas pelas pessoas mais bem-sucedidas no seu caminho para a acumulação de riqueza.

A realidade é que a vida é feita de escolhas. Quando você era novo, havia pessoas que as faziam por você, mas, como parte integrante do crescimento, você foi tendo um papel mais ativo nas escolhas da sua vida. Este é o momento de ponderar e fazer uma dessas escolhas críticas:

> *Você quer tomar as rédeas da sua vida financeira e ganhar mais dinheiro?*

Trata-se de uma decisão essencial, porque, se não souber para onde quer ir, você poderá perder-se pelo caminho. Essa decisão poderá ajudá-lo a ter uma vida financeira melhor e mais qualidade de vida. Vai levar essa escolha até ao fim? Enumere agora as razões por que está lendo este livro e o que procura.

_____
_____
_____
_____
_____
_____
_____
_____
_____
_____

Espero que aproveite as páginas que se seguem, mas, acima de tudo, que as tome como sugestões para aplicar no seu dia a dia. Não se esqueça de que o aumento dos seus rendimentos depende de você.

A teoria não serve de nada sem a prática. Por isso, mãos à obra!

# PARTE I
# ONDE VOCÊ ESTÁ HOJE?

*Nunca tivemos tantas opções para decidir nosso destino. Porém, nenhuma escolha será boa se não soubermos quem somos e onde estamos.*

PETER DRUCKER

O primeiro passo para atingir os seus objetivos financeiros é perceber onde você se encontra financeiramente. A consciência é o primeiro passo do seu desenvolvimento pessoal. Os números são como palavras e lhe darão uma imagem clara de onde você está hoje. Se não conhece a sua situação financeira de forma detalhada, você não pode saber para onde ir ou como atuar. Os exercícios de planejamento financeiro que se seguem vão ajudá-lo a se conhecer melhor.

## VALOR LÍQUIDO

Independentemente da sua idade e dos rendimentos que aufere, qual é a quantia de dinheiro que você deveria ter neste momento? O melhor indicador para determinar sua situação financeira é o cálculo do seu valor líquido. Esse cálculo não tem por objetivo assustá-lo ou desmotivá-lo, mas sim dar-lhe uma visão objetiva de onde você se encontra hoje.

É necessário saber com o que pode contar para mudar seu futuro e, quem sabe, traçar novos objetivos financeiros. O cálculo do valor líquido faz-se subtraindo todos os seus passivos da soma de todos os seus ativos, como demonstra a simples fórmula que se segue:

**Valor líquido = Total de ativos − Total de passivos**

Lembre-se de que o conceito de milionário é ter mais de 1 milhão de reais de valor líquido. Convém recordar o que são ativos e passivos, bem como o que os distingue dos rendimentos e despesas, que não entram no cálculo do valor líquido.

## Ativos

É considerado um ativo financeiro qualquer recurso econômico que você possua e que tenha valor. Assim, qualquer bem que possa ser convertido em dinheiro líquido deverá ser considerado um ativo. Sabemos que as pessoas mais bem-sucedidas financeiramente trabalham para acumular ativos de diferentes tipos:

- **Ativos financeiros** como ações, obrigações ou produtos derivados permitem pôr o dinheiro para trabalhar para nós e geram mais retorno com base nos juros.
- **Ativos intangíveis** como patentes, direitos de autor ou *goodwill* (patrimônio de marca) de empresas têm normalmente valor pela renda que a exploração desse direito possibilita ao seu proprietário. Alguns poderão ser avaliados mais facilmente devido ao seu caráter subjetivo, como, por exemplo, uma marca.

⤷ **Ativos tangíveis** como imóveis, obras de arte ou selos poderão ter menor liquidez do que os ativos financeiros, sendo que alguns desses integram habitualmente o portfólio de uma pessoa.

Esses diferentes tipos de ativos podem ser agrupados em duas grandes classes: os ativos que geram riqueza e os ativos que não geram. Essa análise dos nossos bens é muito mais linear e fácil de compreender.

Por exemplo, se você possui um imóvel, o valor patrimonial é o seu ativo, e este pode gerar riqueza se estiver alugado, sendo a renda mensal o rendimento gerado pela sua exploração; ou pode estar inativo, não gerando qualquer riqueza, podendo até ser uma despesa.

As pessoas mais bem-sucedidas financeiramente adquirem ativos que não estão "parados" e que lhes geram mais rendimentos.

## Rendimentos

Dominar os diferentes tipos de rendimento é um passo essencial para gerir melhor o seu dinheiro. Sabe-se que 82% dos brasileiros só conhecem uma fonte de rendimento, que é o salário resultante do trabalho assalariado.[2] Esse tipo de rendimento é chamado rendimento ativo, pois resulta de um serviço com base no tempo investido, e recebemos uma compensa-

> **• LEMBRE-SE:**
> As pessoas mais bem-sucedidas financeiramente adquirem ativos que não estão "parados" e que lhes geram mais rendimentos.

---
2 Dados do IBGE de 2013 - Pesquisa Mensal de Emprego.

ção financeira por ele. Outros exemplos de rendimentos ativos poderão ser os provenientes de atividades de consultoria ou de pequenos negócios.

No entanto, existem vários outros tipos de rendimento, como dividendos, rendas provenientes de imóveis, juros de investimentos, *royalties* de patentes, entre outros. Esses rendimentos são chamados rendimentos passivos ou residuais, e são provenientes de rendas ou de ativos que geram riqueza. Habitualmente requerem um investimento pontual de tempo, mas não estão diretamente associados ao nosso trabalho assalariado, onde trocamos tempo por dinheiro (e naturalmente experiência).

Por exemplo, você pode investir R$ 1.000 ou R$ 100.000 no mesmo espaço temporal e o retorno final será 100 vezes maior, não estando relacionado com o seu tempo (dependendo do seu conhecimento para investir). As pessoas que auferem rendimentos residuais conseguem pôr o dinheiro para trabalhar para elas.

Por que é, então, importante falar de fontes de rendimento? Em períodos de turbulência econômica, torna-se essencial procurar mais do que uma fonte de rendimento! Se já não é possível cortar as despesas, a única alternativa é ganhar mais dinheiro. Este é o objetivo deste livro: ajudá-lo a dominar os diferentes tipos de rendimento e ativo para ter mais dinheiro.

## Passivos

É importante recordar que um passivo ou dívida não é o mesmo que uma despesa. Uma dívida pressupõe uma obrigação regular de pagamento a alguém, normalmente com juros. Por exemplo, quando contraímos um crédito, estamos adquirindo um passivo, sendo a prestação mensal que pagamos a despesa que esse passivo gera.

Sabemos também que as pessoas mais bem-sucedidas financeiramente são aquelas que conseguiram eliminar suas dívidas, focando-se na acumulação de ativos. Cortar o endividamento e o mau crédito é um dos primeiros passos, e dos mais importantes, para gerar mais riqueza. Se você ainda está preso a más dívidas, para acumular mais riqueza você deverá primeiro liquidá-las.

> **LEMBRE-SE:**
> Sempre que contrai uma dívida você está consumindo um recurso futuro em detrimento do momento presente.

Lembre-se de que as três principais causas de endividamento são os chamados três Ds: desemprego, divórcio e doença. Se já tiver ativos suficientes gerando rendimentos, você poderá mais facilmente combater essas situações. Se não tiver, é provável que, se não reagir rapidamente, você seja empurrado para uma situação de endividamento. O problema dos passivos é que irá lhe custar sempre mais dinheiro sair de uma dívida do que se preparar previamente para não tê-la. Neste livro você também vai encontrar um capítulo dedicado a eliminar a raiz das disfunções financeiras, que se foca precisamente nos comportamentos financeiros e no que fazer para eliminar passivos.

## Despesas

Sobre as despesas e seu controle muito se poderia dizer, mas a sabedoria financeira simplifica a tarefa sugerindo a seguinte prática: gaste menos do que ganha e invista a diferença. O controle das despesas é o bê-á-bá das finanças pessoais. Ter um registro mensal onde se introduzem os vários gastos feitos e onde é possível analisar detalhadamente em que o dinheiro está sendo gasto é o mínimo para começar a controlar os gastos. Se precisar de algum apoio, existem vários métodos e técnicas descritos no meu livro *O seu primeiro milhão*.

As diferentes categorias de despesa que existem podem dividir-se em dois grupos: fixas ou variáveis. As despesas variáveis, resultantes de passivos que não geram riqueza, devem ser as primeiras a ser eliminadas.

É difícil sugerir um método para a divisão de categorias de despesa, pois há uma grande multiplicidade de situações pessoais e perfis. Contudo, o exemplo seguinte considera uma hipótese possível para uma pessoa da classe média no início de vida:

| Categoria de despesa | % Recomendada |
|---|---|
| Poupança | 10-15% |
| Habitação | 25-35% |
| Domésticas | 5-10% |
| Alimentação | 5-20% |
| Transportes e veículos | 10-15% |
| Vestuário | 2-7% |
| Saúde | 2-7% |
| Despesas pessoais | 5-10% |
| Lazer | 5-10% |
| Créditos | 2-7% |
| Educação | 2-10% |

Figura 1 – Divisão saudável de despesas de uma pessoa da classe média

Essa é sempre uma divisão relativa, dependente da situação pessoal de cada um, em que as percentagens vão depender da sua estrutura familiar e seu estilo de vida. No entanto, a melhor forma de validar sua divisão é analisar seu caso pessoal, fazendo o controle de saídas de dinheiro regularmente, de modo a verificar se a distribuição está de acordo com seus objetivos e possibilidades. O controle das entradas e saídas de dinheiro já foi abordado em detalhe no meu primeiro livro, *O seu primeiro milhão*.

Agora que foram revistos os vários conceitos para calcular o seu valor líquido, utilize a tabela a seguir para listar seus ativos e passivos. Esse cálculo vai lhe permitir responder à seguinte questão:

"Se convertesse em dinheiro todos os seus ativos e pagasse todas as dívidas, quanto dinheiro você teria?" Lembre-se de que rendimentos e despesas não entram nessa equação, pois o que se pretende é ter uma fotografia da sua liquidez. Mais à frente irei falar de diferentes tipos de rendimento e aí começaremos a analisar o seu *cashflow*, ou fluxo de caixa (total de rendimentos - total de despesas).

Se o resultado desse exercício lhe trouxer más notícias, lembre-se de que é importante sabê-las o quanto antes, pois poderá, assim, criar seu plano financeiro para mudá-las, pondo o dinheiro para trabalhar para você. Enfrente a realidade dos números com naturalidade. A verdade é que o dinheiro não tem poder só por si; as pessoas é que lhe atribuem todas as percepções e expectativas.

O primeiro passo do seu caminho é despertar uma consciência mais apurada de onde você se encontra hoje financeiramente.

> **! LEMBRE-SE:**
> Sua situação financeira deve ser sempre analisada em função do seu valor líquido.

Vamos ver, em seguida, como enquadrar e interpretar seu valor líquido ao longo das várias fases financeiras.

| Ativos | Montante | Passivos | Montante |
|---|---|---|---|
| Dinheiro líquido (depósitos à vista, conta corrente) | | Créditos pessoais | |
| Certificado de depósito | | Créditos imobiliários | |
| Caderneta de poupança | | Impostos a pagar | |
| Fundos e matérias-primas | | Crediários, compras a prazo | |
| Ações | | Cartões de crédito | |
| Produtos financeiros mais complexos | | Contas salário | |
| Outros ativos mobiliários | | Outros passivos | |
| Imóvel próprio | | | |
| Imóveis | | | |
| Bens pessoais (veículos, arte, etc.) | | | |
| Participações em empresas | | | |
| Capital de risco | | | |
| Patentes e outros ativos intangíveis | | | |
| Outros ativos: | | | |
| | | | |
| | | | |
| Total de ativos | R$ | Total de passivos | R$ |
| | | Valor líquido | R$ |
| | | % Passivos | |

Figura 2 – Listagem de ativos, passivos e cálculo do valor líquido

## FASES FINANCEIRAS

Cada fase da nossa vida financeira tem diferentes desafios e requisitos. Se conseguir medir e comparar sua evolução financeira através de um referencial, você saberá onde se encontra agora e que competências terá de trabalhar. Por exemplo, um jovem que acaba de sair da casa dos pais e depara com sua primeira decisão imobiliária não se baseia nos mesmos paradigmas e pressupostos que uma pessoa que está a dez anos de atingir sua aposentadoria e quer manter a mesma qualidade de vida depois dos 65 anos; esses dois casos encontram-se em diferentes estágios da sua vida pessoal e financeira.

O método que se segue foi primeiramente apresentado por Bert Whitehead no livro *Why smart people do stupid things with money*,[3] adaptado por mim à realidade e aos rendimentos dos brasileiros. Baseia-se numa progressão linear, de fase financeira em fase financeira, e recomendo desde já que você não tire conclusões precipitadas se achar que não está na fase em que devia estar, pois a idade apresentada é um fator relativo. Esse é um exercício para, em primeira análise, tomar consciência e, numa segunda fase, aplicá-la para definir objetivos e encontrar soluções.

A verdade é que a maioria das pessoas mede sua situação financeira em função de fatores externos, como a casa onde vive, o carro ou o emprego que detém, algo que se assenta em referenciais errados: você deveria medir sua situação financeira em função da fase financeira em que se encontra e dos seus objetivos pessoais.

Vamos então analisar as várias fases financeiras, que se dividem na fase da acumulação e na fase da conservação, cada uma com várias etapas, conforme se descreve.

### Fase da acumulação

Os anos de acumulação podem ser divididos em três etapas, como mostra o quadro seguinte:

---

[3] Em tradução livre, *Por que pessoas inteligentes fazem coisas estúpidas com dinheiro*. Livro não lançado no Brasil.

| Etapa | Liberte-se da dependência | Comece a acumular | Catalise seus rendimentos |
|---|---|---|---|
| Idade | 20 a 30 | 30 a 40 | 40 a 50 |
| Critério de qualificação | Tem rendimentos próprios e é autossustentável, sem depender de terceiros | Seu valor líquido é superior aos rendimentos anuais | Tem fontes de rendimento estáveis e vários rendimentos provenientes de investimentos |
| Valor líquido | Menos do que o seu salário bruto anual | Entre 1 e 3 salários brutos anuais | Entre 3 e 7 salários brutos anuais |

Figura 3 — Fases financeiras da acumulação

Você saberá em que fase se encontra se calcular seu valor líquido e o comparar com seu salário bruto anual. Essa medida de referência funciona bem, pois vai aumentando seu salário ao longo da vida, ao mesmo tempo que cresce seu valor líquido. Quais são então as estratégias a seguir consoante cada etapa?

**Liberte-se da dependência**

Uma das características de quem se encontra nesta etapa deverá ser a autossuficiência. Esta etapa inicial é uma das mais importantes da vida financeira de uma pessoa, pois é aí que se cometem os maiores erros financeiros. Estes muitas vezes acabam por hipotecar alguns anos da nossa vida futura, dedicados a remediar esses tropeços.

Quais são os princípios a seguir durante estes anos? O mais importante talvez seja manter uma estrutura de custos leve e não entrar no endividamento. Resumindo: não compre casa (afirmo isso dessa forma, pois sei que há milhares de jovens que vão continuar comprando em vez de alugar) ou contraia outro tipo de empréstimo de montante elevado. Nesta fase é importante que você se mantenha flexível, focado na sua progressão laboral e na criação de rendimentos que cubram suas despesas. É essencial pagar primeiro a você, pelo menos uma hora de trabalho diário (correspondente a 12,5% de poupança mensal, se trabalhar oito horas por dia) e liquidar dívidas que possa ter contraído para pagar seus estudos.

Ter liquidez e capital disponível é das práticas mais importantes. Lembre-se de que deve ter um cesto de segurança com, idealmente, seis meses de despesas mensais poupadas para alguma emergência.

**LEMBRE-SE:**
Sua idade é sempre um fator relativo. Se você não se encontra na fase onde teoricamente deveria estar, nunca é tarde para começar.

**Comece a acumular**

Para atingir a infância da acumulação, é necessário você já ter estruturado suas fundações financeiras e conseguido acumular um valor líquido semelhante a pelo menos um salário bruto anual. No Brasil, os 27 anos correspondem à idade média para ter filhos. Consequentemente, nessa faixa etária surge, para alguns, a necessidade de planejar adequadamente os recursos, de modo a sustentar os novos elementos da família. Algumas pessoas pensam em adquirir um imóvel, tornando-se essencial que a casa esteja adequada às necessidades e rendimentos. Uma regra simples é comprar uma casa cujo valor não exceda a soma de 36 salários brutos do agregado familiar, pois assim terá uma taxa de esforço com a habitação mais fácil de gerir.

A alocação de dinheiro em imóveis é uma forma importante de diversificação do património. Contudo, este investimento só deverá ser considerado quando se tiver atingido um valor adequado de capital.

Estes anos são importantes para complementar sua educação financeira. Tendo já alguns anos de rendimentos auferidos, este é o momento de investir e começar a diversificar seu capital. Como parte da sua carteira, você deverá adquirir ativos como fundos e ações. Um dos erros mais comuns é o nível de risco não estar adequado à idade: quanto mais jovem a pessoa, maior o risco que pode correr (uma regra importante a ter em conta é a regra dos 100: se subtrairmos nossa idade de 100, teremos a percentagem máxima do nosso capital a investir em ativos arriscados). Nessa altura, você poderá fazer uso de produtos como Previdência Privada (com base em ações, por exemplo), para complementar os depósitos a prazo e começar a preparar a aposentadoria. A gestão da sua liquidez é muito importante durante esta fase. Sou um grande defensor da diversificação das fontes de rendimento, que possibilita mais alguma segurança e complementaridade aos rendimentos que auferimos. É nesta etapa que é essencial dedicar-se a criar outras fontes de rendimento. Voltaremos a esse tema posteriormente.

**Catalise seus rendimentos**

Esta fase, que deverá acontecer a partir dos 40 anos, caracteriza-se pela acumulação de um valor líquido semelhante a pelo menos três salários brutos anuais. Este é um valor confortável, que permite alavancar as fontes de rendimento e continuar a investir. Lembre-se de que a idade é relativa, mas tipicamente todos passamos por essas fases financeiras. É também geralmente aos 40 anos que os trabalhadores assalariados atingem o ápice de seus rendimentos, sendo necessário focarem-se em outras categorias de rendimento, se pretendem ganhar mais dinheiro.

Conforme seu salário bruto anual, diferentes competências são necessárias. Na média, o brasileiro aufere R$ 1.861,00[4] brutos mensais, o que corresponde a R$ 22.332 brutos anuais. Acredito que, com a ajuda do pensamento financeiro e com a política de diversificação das fontes de rendimento, é possível estar bem acima dessa quantia. Tendo em conta os valores médios nacionais, seu valor líquido deverá ser aproximadamente de R$ 43.500 ao entrar nesta etapa. Para pessoas que tenham mais de R$ 150.000 em valor líquido, recomendo uma iniciação ao pensamento global e à diversificação do seu dinheiro por várias entidades financeiras com sede em outro país e considerar investimentos globais – não focados só num país. Justificarei esse ponto posteriormente, mas prende-se sobretudo aos riscos de insolvência de algumas entidades financeiras e a um fenômeno que era raro até há alguns anos: países na bancarrota. Apesar de o Brasil não se encontrar em risco financeiro ou de insolvência, quanto mais capital se tem, mais importante é a diversificação do mesmo.

Durante a acumulação catalisada é importante ter um bom aconselhamento fiscal. Nesta fase da sua vida financeira, você poderá começar a procurar ativos que tenham mais alguns benefícios fiscais, em vez de remunerações sempre em dinheiro líquido, e poderá optar por outros regimes contabilísticos consoante seus rendimentos e despesas. Caso seja empresário, você pode, por exemplo, receber dividendos da sua empresa, que são, na maioria das vezes, tributados de forma

---

4 Fonte:Site *Brasil Econômico*, junho de 2013.

mais vantajosa do que um salário mensal. Um contador deverá fazer parte da sua equipe.

## Fase da conservação

Os anos de conservação podem ser divididos em duas etapas, como mostra o quadro seguinte:

| ETAPA | PRÉ-APOSENTADORIA | IDADE DE OURO |
|---|---|---|
| IDADE | 50 a 65 | > 65 |
| CRITÉRIO DE QUALIFICAÇÃO | Atingiu um nível de vida confortável para o resto dos seus dias e o retorno dos seus investimentos é superior a 50% dos custos de vida | Vive dos rendimentos e do fundo de aposentadoria, tendo mais capital disponível do que irá gastar numa vida. |
| VALOR LÍQUIDO | Entre 7 e 12 salários brutos anuais | Mais de 12 salários brutos anuais |

Figura 4 – Fases financeiras da conservação

**Pré-aposentadoria**

Ao alcançar a pré-aposentadoria, você já deverá ter atingido um nível de vida confortável em que não precisa ter mais fontes de rendimento para ter qualidade de vida. É importante que já tenha preparado de antemão a segunda fase da sua vida, complementando o dia a dia com as coisas que gosta de fazer, sem ser por dinheiro.

Um extra importante para os rendimentos laborais deverá ser o retorno dos investimentos. Se colocou o dinheiro para trabalhar para você continuamente ao longo da vida, você já deverá ter rendimentos provenientes dos seus investimentos que correspondam a pelo menos, 50% das suas despesas mensais. Durante a pré-aposentadoria, esses investimentos deverão ser gradualmente alocados em produtos com menos risco, pois, à medida que você se aproxima da idade da aposentadoria, o dinheiro deve estar mais seguro, sem correr tantos riscos.

Se você teve filhos no início da infância da acumulação, eles possivelmente estarão terminando seu curso superior e brevemente você poderá deixar de ter despesas com seus dependentes mais novos. Esse é o momento ideal para fazer contas de suas despesas mensais e analisar quanto precisa gastar por mês para ter um nível de vida equilibrado.

**Idade de Ouro**
Chamo Idade de Ouro à etapa em que as pessoas já estão tipicamente vivendo a segunda metade da vida e têm mais dinheiro do que necessitam gastar até falecerem. Normalmente, é a idade em que se podem realizar alguns dos grandes sonhos, como viagens, ou ceder a gostos excêntricos, mas as despesas mensais estabilizam-se rapidamente.

> **DICA:**
> O planejamento para a fase da Idade de Ouro deve ser feito pelo menos com dez anos de antecedência.

Mesmo durante a idade da aposentadoria é importante continuar aplicando as regras de poupança e investimento, correndo pouco risco na maioria dos investimentos. No entanto, se você não está conseguindo ter o nível de vida pretendido nesta fase da vida, deverá pensar em baixar suas despesas mensais para consegui-lo. Caso considere que tem bastante dinheiro, você poderá ajudar quem precisa, doando, por exemplo, algum dinheiro para caridade, ou aumentar seu nível de vida, desenvolvendo novos hábitos de consumo.

Para muitas pessoas, o maior desafio desta etapa é a correta distribuição da riqueza pelos descendentes. Algumas pessoas fazem-no durante a vida para que os descendentes não tenham impostos sucessórios tão penalizadores, mas outras preferem redigir testamentos. Deixo esse tema para outras publicações, porque cada caso requer uma análise individual e cuidada.

**Uma nota final sobre as diferentes fases financeiras**

Sabe-se que dois terços dos brasileiros não poupam para a aposentadoria nem têm intenção de fazer isso. Muitos brasileiros não chegam à Idade de Ouro com um valor líquido correspondente a 12 salários brutos anuais, nem conseguem uma qualidade de vida que faça jus à vida de trabalho que tiveram. Esse é também o problema das médias. Se estiver consciente da importância do planejamento financeiro e dos desafios das várias etapas, você pode, com pouco esforço, ter mais qualidade de vida. Basta estar atento para este tema. Agora que já está, o que vai fazer?

## OBJETIVOS FINANCEIROS

Você já sabe que é ao definir objetivos e comprometer-se com eles que você tem maior probabilidade de atingi-los. Todos os livros sobre sucesso falam da importância de traçar objetivos. Robert Cialdini, autor do livro *Influência – a psicologia da persuasão,* estudou os métodos mais efetivos para os realizarmos, e o primeiro passo consiste em materializá-los numa folha de papel (escrevê-los!). O passo seguinte é comprometer-se publicamente com sua realização; você verá que assim terá mais força e determinação para realizá-los. Isto acontece porque todas as pessoas têm uma necessidade de incentivo; quando temos âncoras a puxar-nos para nossos objetivos, arranjamos mais facilmente a motivação para atingi-los (naturalmente que a energia e a pressão dos que nos observam também irão impulsionar-nos a não falhar).

Relativamente a objetivos financeiros, para a maioria das pessoas são apenas um meio de atingir outros fins. As pessoas têm sonhos diferentes e necessitam de níveis distintos de riqueza para ser felizes. Talvez a maior dificuldade seja sempre responder à pergunta: quanto é suficiente para mim? A resposta vai sendo atualizada ao longo da vida: à medida que sua realização pessoal vai evoluindo, é habitual você ter necessidade de aumentar seus rendimentos, de modo a sustentar gostos mais luxuosos.

A melhor forma de definir seus objetivos financeiros talvez seja "pensar no fim", como escreveu o filósofo Neville Goddard. A melhor forma de saber quais são seus objetivos e sonhos é visualizar uma imagem concreta do futuro nas várias áreas da vida e analisar a sensação que essa imagem lhe dá (ou começarmos com o fim em mente, como diria Stephen Covey). A maioria das pessoas aprende por mecanismos visuais e pela observação. A visualização é um processo fantástico, a que se pode recorrer para produzir alterações na vida.

Dos vários métodos de visualização que já experimentei, o que mais realização me trouxe foi o exercício seguinte, descrito por Bert Whitehead:

"Estamos cinco anos à frente. Você fez tudo a que se propôs. Atingiu tudo o que queria. Fez tudo bem e aprendeu com os poucos erros. Teve alguma sorte e os últimos cinco anos foram excelentes, cada ano melhor que o anterior. Conseguiu atingir todos os seus objetivos!

Este tem sido um ano fantástico, o melhor da sua vida. Pense no melhor dia deste ano. Você se levanta de manhã e sente-se ótimo, sorrindo para si mesmo. Está saudável e gosta de se ver ao espelho. Está cheio de energia para o dia que vem. Hoje pode fazer todas as coisas de que realmente gosta. Você ri muito. Experiência intensa após experiência intensa, vai vivendo o seu dia. À noite, recorda o dia que passou na cabeça, lembrando-se dele como um filme.

Agora reveja o filme, escrevendo as atividades mais significativas que fez nesse dia, ou apenas a primeira que lhe vem à cabeça. Foque-se nas atividades que vê. Com quem esteve? O que fez? O que estava vestindo? Como se deslocava? Onde acordou? Viajou? Quem está com você? Escreva o que vê."

_____

_____

_____

_____

Você ficaria surpreso por esse ser um dos métodos mais utilizados pelas pessoas mais bem-sucedidas financeiramente? Se tiver uma imagem clara na sua cabeça do que poderá atingir, isso vai ajudá-lo a perseguir seus sonhos. Você deverá ter uma imagem clara do que quer, pois só assim poderá transmitir essa ideia. Já dizia o rei Salomão há milhares de anos: "Onde não há visão o povo perece".

# BASES DA VISUALIZAÇÃO

As bases da visualização são um conjunto de práticas que você deverá aplicar, se desejar aumentar a eficiência da técnica. A maioria dos métodos de visualização, sejam eles a meditação ou as imagens guiadas, segue um conjunto de práticas que podem ser aprendidas. O principal objetivo da visualização é a criação de uma imagem mental que o ajudará a ver o futuro de forma mais clara.

A primeira coisa que você deve fazer é encontrar um local onde possa estar isolado de distrações. Coloque-se numa posição confortável e relaxe o corpo. Feche os olhos e inspire profundamente, acalmando a respiração e libertando-se de tensões. Limpe a cabeça de todos os pensamentos, focando-se numa imagem totalmente branca.

Lentamente, comece a pintar essa tela branca com imagens que vão ganhando cor, adicionando gradualmente mais detalhes. Torne as cores brilhantes e comece a adicionar sons à sua imagem, como sons de animais, vozes ou palavras. Adicione a sensação de toque, sentindo os objetos e suas texturas. Pare, contemple a sua imagem.

Dê-lhe perspectiva e sinta as suas emoções: gratidão, alegria, orgulho, saudade, paciência, amor, confiança... Esteja totalmente imerso na imagem que criou para si e fixe-a, deixando-a gradualmente diluir-se na tela branca inicial. Abra os olhos e inspire.

A visualização funciona, mas, para isso, você tem de ter a disponibilidade para praticar. Os praticantes de ioga, chi kung e tai chi conhecem bem essa e outras técnicas. Se você tem dificuldade em visualizar as coisas, pratique com uma foto ou cenário onde se encontra. Estude-os, feche os olhos e descreva o que vê. A visualização de outras coisas poderá ser melhorada com esse exercício. Seja criativo e divirta-se!

Outras sugestões para uma boa visualização: visualize a imagem como se estivesse vendo-a com seus próprios olhos e despenda 10 a 30 minutos para esse exercício, parando tudo o que estiver fazendo. Lembre-se de que quanto mais se focar nos seus objetivos, mais fácil será atingi-los, pois, como tudo na vida, quanto mais praticar, mais facilidade você terá.

## Quatro níveis de riqueza

Muitas vezes, não é fácil visualizar aquilo que mais desejamos. Se for esse o seu caso, não se preocupe, deixe-me ilustrar brevemente algumas hipóteses do que você poderia fazer com quatro níveis de riqueza para realizar seus sonhos. Naturalmente que o processo de acumulação de capital é um processo gradual, mas o que você poderia fazer se já tivesse o capital necessário para viver uma vida completa?

Os cenários seguintes permitem diferentes estilos de vida, e o que lhe apresento são alguns exemplos do que poderia fazer se tivesse o dinheiro trabalhando para você (alguns poderão parecer um pouco excêntricos), aplicando a fórmula:

$$\frac{\text{Dinheiro líquido} \times \text{Taxa de juro}}{12} = \text{Renda mensal}$$

Neste exercício você pode presumir que tem seu dinheiro líquido trabalhando para você, investindo-o anualmente a uma taxa de juros de 10%.[5] (aproximadamente o valor anual da taxa SELIC atual). Pode partir também do pressuposto de que consegue uma boa otimização fiscal, tendo em conta que os rendimentos provirão de juros, sendo assim tributados a 15%. A tabela que se segue analisa diferentes níveis de riqueza e a renda mensal que eles proporcionam, tendo por base juros anuais de 5%.

$$\frac{R\$250.000 \times 10\%}{12} = R\$2.083 \qquad \frac{R\$500.000 \times 10\%}{12} = R\$4.166$$

---

5 Foi considerado o valor anual da taxa Selic em 2013.

ONDE VOCÊ ESTÁ HOJE?

$$\frac{R\$1.000.000 \times 10\%}{12} = R\$8.333 \qquad \frac{R\$2.500.000 \times 10\%}{12} = R\$20.833$$

| Nível de riqueza | R$ 250.000 | R$ 500.000 | R$ 1.000.000 | R$ 2.500.000 |
|---|---|---|---|---|
| Renda anual/ mensal | Renda anual de R$25.000 após impostos totaliza cerca de R$20.000 anuais ou R$1.666 mensais. | Renda anual de R$50.000 após impostos totaliza cerca de R$40.000 anuais ou R$3.333 mensais. | Renda anual de R$125.000 após impostos totaliza cerca de R$100.000 anuais ou R$8.330 mensais. | Renda anual de R$250.000 após impostos totaliza cerca de R$200.000 anuais ou R$16.666 mensais. |
| Exemplo de divisão de despesas | ➤ Habitação e manutenção: R$700<br>➤ Alimentação/ despesas domésticas: R$400<br>➤ Despesas família: R$150<br>➤ Despesas com transporte: R$300<br>➤ Lazer: R$110 | ➤ Habitação e manutenção: R$900<br>➤ Alimentação/ despesas domésticas: R$700<br>➤ Despesas família: R$500<br>➤ Transportes (1 carro top de linha ou 2 pequenos): R$500<br>➤ Viagens/Lazer/ R$700 | ➤ Habitação e manutenção: R$1.800<br>➤ Alimentação/ despesas domésticas/ transportes: R$3.800<br>➤ Extras/ Extravagâncias: R$32.500 anuais | ➤ Habitação e manutenção: R$4.000<br>➤ Alimentação/ despesas domésticas/ transportes: R$7.000<br>➤ Extras/ Extravagâncias: R$67.200 anuais |
| Exemplos de gastos anuais | | | ➤ Viagem ao Havaí para 2 pessoas<br>➤ 50 jantares caros<br>➤ 50 tratamentos em spas<br>➤ Presentes de Natal extravagantes<br>➤ Cruzeiro mensal | ➤ Viagem a Paris para 2 pessoas<br>➤ Viagem à Tailândia para 2 pessoas<br>➤ Superfesta para cem amigos<br>➤ 80 jantares caros<br>➤ Veleiro |

Valores fictícios, meramente ilustrativos.

Figura 5 – Exemplo de aplicação de níveis de riqueza

Com certeza você já tem muitas ideias de como usar esses valores de referência e aplicá-los aos seus objetivos, mas a divisão apresentada vai ajudá-lo a ter ideias do estilo de vida que poderá ter. Os valores mencionados pressupõem, sobretudo, que você não estará trabalhando para auferi-los, podendo usufruir livremente do seu maior ativo: seu tempo. Você poderá ser feliz com um valor menor, mas este é um livro sobre ganhar mais dinheiro, e portanto está na hora de você começar a pensar grande. Em seguida, veremos qual a quantia de dinheiro necessária para você.

## O seu nível de riqueza

Uma questão que você já deve ter se colocado em determinado momento da vida, nem que tenha sido pelo simples prazer de sonhar com ela, é: de quanto dinheiro preciso para ficar financeiramente independente? A independência financeira obtém-se quando se cria uma fonte de rendimento autônoma, que não o emprego pago, suficiente para cobrir todas as necessidades básicas e confortos.

Não seria fantástico poder fazer o que quisesse do seu tempo, sem ter problemas de dinheiro?

É preciso ter em conta três objetivos financeiros muito diferentes: Você gostaria de viver com segurança, ter conforto ou ser rico? Se você está numa fase em que não tem muitas poupanças, é possível que ainda não consiga se imaginar rico, pondo o dinheiro para trabalhar para você. O problema de querer ser rico é que é realmente preciso querer muito e dá muito trabalho se você não nasceu num berço de ouro. Este pensamento é habitualmente ultrapassado pelas pessoas mais bem-sucedidas financeiramente, ao dedicarem-se a áreas de que gostam de forma completa e em que criam riqueza. Isto significa que, para atingir a verdadeira riqueza, você tem de tirar

> **• LEMBRE-SE:**
> Você atingirá a independência financeira quando tiver rendimentos recorrentes suficientes para pagar a média das suas despesas mensais sem ter de investir seu tempo.

prazer e gratificação das suas atividades, mas também todo o seu potencial financeiro, que é mais do que terá hoje.

Você deverá refletir honestamente sobre quais são os objetivos que quer concretizar com o dinheiro que ambiciona. O planejamento de longo prazo que sugeri vai ajudá-lo a concretizar esses objetivos. Lembre-se de que a maioria das pessoas opta por uma fonte de rendimento segura num trabalho assalariado, que permite ter boas perspectivas de aposentadoria e alguns bens materiais, como uma casa, dinheiro suficiente para viagens ou um carro. Se você está empenhado na criação de riqueza, pondere bem sobre o que faria com os quatro níveis de riqueza mencionados e analise os prós e os contras do nível de riqueza que quer alcançar.

|  | Viver com segurança | Ter conforto | Ser rico |
|---|---|---|---|
| Prós | Muito tempo livre | Bom equilíbrio pessoal e profissional | Experiências extravagantes |
| Contras | Menos recursos financeiros | Vida com pouca adrenalina | Dedicação constante ao trabalho |

Seja leal a si mesmo no preenchimento do quadro anterior. Os exemplos apresentados são apenas indicativos. Enquanto não estiver totalmente confortável e convencido de seu nível de riqueza, será difícil alcançá-lo ou mesmo mantê-lo, caso tenha tido a oportunidade de receber muito dinheiro rapidamente. Já foi muito estudado que os "sortudos" que ganham prêmios de loteria não estão preparados para receber tanto dinheiro de uma vez, têm dificuldade de geri-lo e acabam, em muitos casos, destruindo em poucos anos a fortuna recebida.

Algumas das perguntas que poderão ajudá-lo no preenchimento do quadro anterior são:

- O que gostaria que dissessem de você quando morrer?
- O que é que o faz sentir-se realizado?
- De quanto dinheiro você precisa para seus gastos?
- O que você comprometerá para atingir seus objetivos?
- O que significa o dinheiro para você?

Tenha em mente que um dos passos mais importantes no sentido da criação de riqueza passa por acreditar em si mesmo e na sua visão. Para fazer mudanças positivas, você tem primeiro de acreditar. Suas ações poderão depois produzir grandes resultados.

Em seguida, vou analisar como traçar planos financeiros. Para conseguir atingir grandes objetivos, é essencial que os divida em passos menores.

## PLANOS FINANCEIROS

A melhor forma de converter seus desejos financeiros em realidade é fazer contas. Um bom planejamento da vida financeira conduz a várias vantagens no futuro, pois o dinheiro é pragmático e aritmético, trabalha na frieza dos números, que apela a um sentido de realidade.

O problema, muitas vezes, são as emoções, sentimentos e todo o tipo de valores que atribuímos erroneamente ao dinheiro e que comprometem nossa saúde financeira. Basta investir poucas horas por mês no planejamento financeiro para aferir os gastos e reanalisar o plano; esta prática trará mais qualidade de vida a longo prazo.

Todos os planos financeiros se assentam em três variáveis simples: tempo, dinheiro e retorno da aplicação de capital. Recomendo sempre a criação de dois planos financeiros que iremos analisar em seguida: um para o ano vindouro e outro para ser aplicado a longo prazo.

### Orçamento anual

Este planejamento financeiro ajuda a cobrir despesas imprevistas e a gerir a economia doméstica de forma estruturada. Tal como uma empresa define os seus objetivos anuais, também os particulares devem fazê-lo.

O orçamento anual tem como objetivo estimar, no início do ano, quais os principais gastos futuros, de forma a atribuir valores máximos para cada tipo de gasto. Desse modo, você saberá de antemão qual o valor aproximado de capital de que irá precisar, se tudo correr como planeja.

O primeiro passo na construção desse orçamento é ter um controle das despesas e saber o valor que se gasta por mês nas várias categorias de despesa. É importante ter uma

> **LEMBRE-SE:**
> No início do ano, crie sempre seu orçamento anual, prevendo de quanto irá necessitar e quanto terá de faturar para atingir seus objetivos.

correta divisão de despesas pelos diferentes tipos de gasto, como: alimentação, habitação, comunicações, transportes e veículos, esporte, restaurantes, saúde, seguros, educação, impostos e crédito.

Depois, você deverá extrapolar para os vários meses do ano o que prevê gastar. Lembre-se de que é uma estimativa, e por isso você deverá deixar alguma margem de erro.

No exemplo seguinte (Figura 6), supondo-se uma margem de erro de 5%, estima-se que o orçamento necessário para o ano seguinte seja cerca de R$ 12.780. Prevê-se por isso uma média de gastos mensais de aproximadamente R$ 815. A taxa de poupança mínima deverá ser de R$ 81,50 mensais, que correspondem a 10%. De modo a corresponderem ao orçamento planejado, os rendimentos mensais médios desse jovem que mora com os pais mas já cuida da própria vida financeira deverão rondar os R$ 897.

Recomendo que você elabore anualmente um orçamento semelhante, fazendo revisões a cada seis meses. Outras sugestões para o seu orçamento anual:

- Analisar sua folha de entradas e saídas de dinheiro, com as médias de gastos por categoria de despesa.
- Definir contas bancárias para os vários objetivos de poupança.
- Fazer regularmente reuniões de planejamento e revisão dos objetivos.

| Plano base | | |
|---|---|---|
| | Valor médio mensal (R$) | Planejamento (R$) |
| Alimentação | 150,00 | 1.800,00 |
| Despesas com habitação (contribuição com as despesas domésticas) | 300,00 | 3.600,00 |
| Comunicações (celular, internet) | 30,00 | 360,00 |
| Créditos | — | — |
| Despesas saúde | 15,00 | 180,00 |
| Esporte | 30,00 | 360,00 |
| Educação | — | — |
| Lazer | 40,00 | 480,00 |
| Livros e revistas | 15,00 | 180,00 |
| Outros | 20,00 | 240,00 |
| Combustível e estacionamento | 20,00 | 240,00 |
| Restaurantes | 65,00 | 780,00 |
| Seguros (do celular ou tablet) | 10,00 | 240,00 |
| Transportes e veículos | 80,00 | 960,00 |
| Vestuário | 40,00 | 480,00 |
| Total parcial | 815,00 | 9.900,00 |
| Objetivos adicionais | | |
| Viagem aos EUA | | 2.500,00 |
| Curso de língua estrangeira | | 500,00 |
| Orçamento previsto para o ano | | 12.900,00 |

Figura 6 – Orçamento anual ilustrativo

## Planejamento financeiro de longo prazo

O planejamento financeiro de longo prazo começa com a identificação dos seus grandes objetivos de vida. Após completar seus objetivos financeiros anteriores e entender quais os montantes de capital de que necessita, resta definir sua distribuição ao longo dos vários anos.

O objetivo de qualquer planejamento financeiro de longo prazo é, com pouco esforço a curto prazo, caminhar para a realização dos sonhos. No meu livro anterior, *O primeiro milhão para casais*, recomendei a construção de uma cesta dos sonhos, que o motivará a poupar e a investir.

CESTA DOS SONHOS

| SONHO | ORÇAMENTO (R$) | IDADE |
|---|---|---|
| Moto top de linha | 50.000,00 | 29 |
| Viagem de 6 meses de volta ao mundo | 110.000,00 | 34 |
| Casa dos sonhos, totalmente paga | 1.000.000,00 | 45 |
| Faculdade em Londres para o filho | 350.000,00 | 52 |
| Orçamento total | 1.510.000,00 | – |

Figura 7 – Exemplo de cesta dos sonhos

Você deverá depois colocar sua cesta dos sonhos num local visível da casa, como a porta da geladeira, para se focar nele continuamente.

O que se pretende agora é distribuir os objetivos financeiros ao longo dos anos e perceber qual a taxa de poupança e retorno dos investimentos que você terá de obter para cumprir esse plano. Qualquer plano financeiro de longo prazo se assenta nestas duas

> **LEMBRE-SE:**
> Construa sua cesta dos sonhos e coloque-a bem visível em sua casa.

variáveis: taxa de poupança e retorno do investimento.

Deixe-me então ilustrar dois tipos de raciocínio para calcular o valor necessário para você atingir seus sonhos de longo prazo.

### Quanto você terá no futuro se poupar e investir – Cálculo do valor futuro a atingir

Uma das formas de traçar planos financeiros é variar a taxa de retorno e a poupança mensal e projetar esse valor para o futuro. No exercício seguinte você verá quanto dinheiro terá, se poupar determinado valor fixo mensal e investir com as taxas de juros anuais mencionadas.

No exemplo acima, se poupasse, por exemplo, R$ 200 por mês e investisse a 8% ao ano, dentro de vinte anos você teria R$ 109.829.

### Quanto você tem de poupar por mês para atingir determinado valor futuro – Cálculo do valor atual a poupar

Outra das formas de traçar planos financeiros é por meio do cálculo da poupança mensal necessária. Ao saber quanto tem de poupar por mês para determinado objetivo futuro, você está dispersando o esforço financeiro ao longo do tempo.

| Poupança Mensal (R$) | Nº de Anos | Poupança Acumulada (R$) | Com taxa de 3% ao ano (R$) | Com taxa de 5% ao ano (R$) | Com taxa de 8% ao ano (R$) | Com taxa de 10% ao ano (R$) | Com taxa de 12% ao ano (R$) |
|---|---|---|---|---|---|---|---|
| 50 | 5 | 3.000,00 | 3.185,00 | 3.315,00 | 3.520,00 | 3.663,00 | 3.812,00 |
| 50 | 10 | 6.000,00 | 6.878,00 | 7.547,00 | 8.692,00 | 9.562,00 | 10.529,00 |
| 50 | 20 | 12.000,00 | 16.122,00 | 19.840,00 | 27.457,00 | 34.365,00 | 43.231,00 |
| 50 | 40 | 24.000,00 | 45.241,00 | 72.480,00 | 155.434,00 | 265.556,00 | 460.255,00 |
| 100 | 5 | 6.000,00 | 6.371,00 | 6.631,00 | 7.040,00 | 7.326,00 | 7.623,00 |
| 100 | 10 | 12.000,00 | 13.757,00 | 15.093,00 | 17.384,00 | 19.125,00 | 21.058,00 |
| 100 | 20 | 24.000,00 | 32.244,00 | 39.679,00 | 54.914,00 | 68.730,00 | 86.463,00 |
| 100 | 40 | 48.000,00 | 90.482,00 | 144.960,00 | 310.868,00 | 531.111,00 | 920.510,00 |
| 200 | 5 | 12.000,00 | 12.742,00 | 13.262,00 | 14.080,00 | 14.652,00 | 15.247,00 |
| 200 | 10 | 24.000,00 | 27.513,00 | 30.187,00 | 34.768,00 | 38.250,00 | 42.117,00 |
| 200 | 20 | 48.000,00 | 64.489,00 | 79.358,00 | 109.829,00 | 137.460,00 | 172.926,00 |
| 200 | 40 | 96.000,00 | 180.963,00 | 289.919,00 | 621.736,00 | 1.062.222,00 | 1.841.019,00 |
| 400 | 5 | 24.000,00 | 25.484,00 | 26.523,00 | 28.160,00 | 29.304,00 | 30.494,00 |
| 400 | 10 | 48.000,00 | 55.027,00 | 60.374,00 | 69.535,00 | 76.500,00 | 84.234,00 |
| 400 | 20 | 96.000,00 | 128.978,00 | 158.717,00 | 219.657,00 | 274.920,00 | 345.852,00 |
| 400 | 40 | 192.000,00 | 361.926,00 | 579.839,00 | 1.243.471,00 | 2.124.444,00 | 3.682.039,00 |

Figura 8 – Valores futuros a atingir com diferentes valores de poupança e investimento

Veja os seguintes exemplos, em que mostramos valores que você deverá poupar mensalmente para atingir determinado valor futuro, de acordo com o número de anos listados e com a taxa de juro indicada.

| Nº de anos para atingir R$ 10.000 | Taxa de juros a investir | | | | |
|---|---|---|---|---|---|
| | 3% | 5% | 8% | 10% | 12% |
| 2 | R$ 405 | R$ 397 | R$ 386 | R$ 378 | R$ 371 |
| 5 | R$ 155 | R$ 147 | R$ 136 | R$ 129 | R$ 122 |
| 10 | R$ 72 | R$ 64 | R$ 55 | R$ 49 | R$ 43 |
| 15 | R$ 44 | R$ 37 | R$ 29 | R$ 24 | R$ 20 |
| 20 | R$ 30 | R$ 24 | R$ 17 | R$ 13 | R$ 10 |
| 30 | R$ 17 | R$ 12 | R$ 7 | R$ 4 | R$ 3 |
| 40 | R$ 11 | R$ 7 | R$ 3 | R$ 2 | R$ 1 |

Figura 9 – Poupança mensal necessária para atingir R$ 10.000

| Nº de anos para atingir R$ 50.000 | Taxa de juros a investir | | | | |
|---|---|---|---|---|---|
| | 3% | 5% | 8% | 10% | 12% |
| 2 | R$ 2.024 | R$ 1.985 | R$ 1.928 | R$ 1.891 | R$ 1.854 |
| 5 | R$ 773 | R$ 735 | R$ 680 | R$ 646 | R$ 612 |
| 10 | R$ 358 | R$ 322 | R$ 273 | R$ 244 | R$ 217 |
| 15 | R$ 220 | R$ 187 | R$ 144 | R$ 121 | R$ 100 |
| 20 | R$ 152 | R$ 122 | R$ 85 | R$ 66 | R$ 51 |
| 30 | R$ 86 | R$ 60 | R$ 34 | R$ 22 | R$ 14 |
| 40 | R$ 54 | R$ 33 | R$ 14 | R$ 8 | R$ 4 |

Figura 10 – Poupança mensal necessária para atingir R$ 50.000

| Nº de anos para atingir R$ 100.000 | Taxa de juros a investir | | | | |
|---|---|---|---|---|---|
| | 3% | 5% | 8% | 10% | 12% |
| 2 | R$ 4.048 | R$ 3.970 | R$ 3.856 | R$ 3.781 | R$ 3.707 |
| 5 | R$ 1.547 | R$ 1.470 | R$ 1.361 | R$ 1.291 | R$ 1.224 |
| 10 | R$ 716 | R$ 644 | R$ 547 | R$ 488 | R$ 435 |
| 15 | R$ 441 | R$ 374 | R$ 289 | R$ 241 | R$ 200 |
| 20 | R$ 305 | R$ 243 | R$ 170 | R$ 132 | R$ 101 |
| 30 | R$ 172 | R$ 120 | R$ 67 | R$ 44 | R$ 29 |
| 40 | R$ 108 | R$ 66 | R$ 29 | R$ 16 | R$ 8 |

Figura 11 – Poupança mensal necessária para atingir **R$ 100.000**

| Nº de anos para atingir R$ 250.000 | Taxa de juros a investir | | | | |
|---|---|---|---|---|---|
| | 3% | 5% | 8% | 10% | 12% |
| 2 | R$ 10.120 | R$ 9.926 | R$ 9.640 | R$ 9.453 | R$ 9.268 |
| 5 | R$ 3.867 | R$ 3.676 | R$ 3.402 | R$ 3.228 | R$ 3.061 |
| 10 | R$ 1.789 | R$ 1.610 | R$ 1.367 | R$ 1.220 | R$ 1.087 |
| 15 | R$ 1.101 | R$ 935 | R$ 722 | R$ 603 | R$ 500 |
| 20 | R$ 761 | R$ 608 | R$ 424 | R$ 329 | R$ 253 |
| 30 | R$ 429 | R$ 300 | R$ 168 | R$ 111 | R$ 72 |
| 40 | R$ 270 | R$ 164 | R$ 72 | R$ 40 | R$ 21 |

Figura 12 – Poupança mensal necessária para atingir **R$ 250.000**

No exemplo da Figura 9, se quisesse ter R$ 10.000 dentro de cinco anos e investisse a uma taxa de juros de 5%, você teria de poupar R$ 147 por mês. Podem-se obter outros valores semelhantes utilizando-se as fórmulas de valor atual, valor futuro e pagamento mensal num programa como o Excel.

O objetivo desse raciocínio é simplesmente facilitar a realização dos seus objetivos, materializando de forma numérica o que você tem de fazer hoje para ter mais no futuro. A verdade é que a maioria das pessoas não pensa assim, preferindo recorrer ao crédito e às gratificações imediatas quando necessita de algo. O problema desse tipo de raciocínio é que a pessoa estará comprometendo seu futuro e consumindo recursos futuros no tempo presente; por norma, não é uma situação sustentável a longo prazo.

Se já entendeu o raciocínio para calcular o valor mensal, você deverá focar-se posteriormente em conseguir as taxas de juros indicadas. O valor de 12% indicado é o valor anual de retorno de uma carteira diversificada de ações a longo prazo. Historicamente, as ações são o que dá mais dinheiro a longo prazo.

## Mapa de rendimentos

Convido-o agora a desenvolver um mapa que o ajudará a focar-se na criação de capital. Você se recorda que os rendimentos têm duas grandes categorias, os rendimentos ativos e os rendimentos de portfólio/residuais? É ao mudar a criação de rendimentos ativos para rendimentos passivos que se torna possível e mais fácil diversificá-los. Poderá ser difícil e muito desgastante ter dois traba-

> **! LEMBRE-SE:**
> Você deverá fazer uma avaliação do seu mapa de rendimentos todos os meses, de forma a alinhá-lo com seu rendimento real.

| Aumento de rendimentos | | | | | | | | | | | |
|---|---|---|---|---|---|---|---|---|---|---|---|
| Rendimentos | Descrição | 2006 | % | 2007 | % | 2008 | % | 2009 | % | 2010 | Periodicidade |
| Trabalho assalariado | Empresa Xpto | R$ 5.000 | 100% | R$ 20.000 | 100% | R$ 25.000 | 93% | R$ 35.000 | 76% | R$ 45.000 | 62% | Mensal |
| Aumento | | | 100% | | 300% | | 25% | | 40% | | 29% | |
| Pequenos negócios | Consultoria ABC | | | | | R$ 2.000 | 7% | R$ 8.000 | 17% | R$ 16.000 | 22% | Mensal |
| Aumento | | | | | | | 100% | | 300% | | 100% | |
| Patentes/ Royalties | Livro Empreenda com Sucesso | | | | | | | R$ 1.000 | 2% | R$ 5.400 | 7% | Anual: janeiro |
| Aumento | | | | | | | | | 100% | | 440% | |
| Imóvel produtivo | Casa Sé | | | | | | | R$ 2.000 | 4% | R$ 6.000 | 8% | Mensal |
| Aumento | | | | | | | | | 100% | | 200% | |
| | | R$ 5.000 | | R$ 20.000 | | R$ 27.000 | | R$ 46.000 | | R$ 72.400 | | |

Figura 13 - Mapa de rendimentos

lhos assalariados, mas já não será tanto ter um trabalho dependente e, em simultâneo, uma casa alugada, investimentos na bolsa e um livro publicado.

Uma das formas de se focar na criação de capital é precisamente olhar com regularidade para um mapa de rendimentos e pensar como poderia aumentá-los. A melhor maneira de controlar o que se ganha e planejar o que se pretende ganhar no ano seguinte é utilizar um mapa como o que se encontra na página anterior.

Recorrendo à grade apresentada, você poderá acompanhar os aumentos de rendimentos durante os vários anos, ao mesmo tempo que planeja várias formas de atingir o valor desejado de faturamento anual. Tal como uma empresa define seus objetivos de faturamento, também você deverá definir os seus.

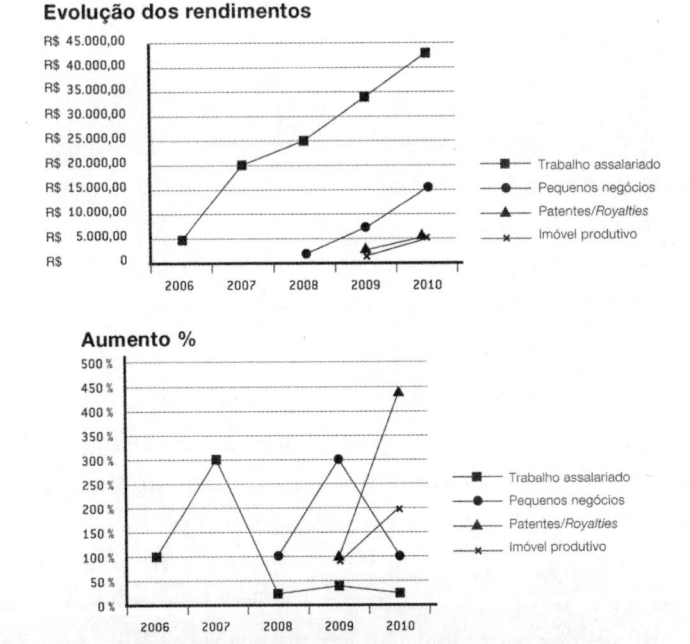

Figura 14 - Evolução do mapa de rendimentos

## Mapa de recebimentos futuros

Um complemento ao seu mapa de rendimentos é a análise futura do que pretende ganhar, traçando um plano de recebimentos com a calendarização dos capitais que você prevê receber das suas atividades.

Esse mapa vai também ajudá-lo a materializar suas expectativas e focar-se na entrada de dinheiro. Você pode encontrar um exemplo de grade com um mapa de recebimentos na página seguinte.

Com esse mapa, você poderá planejar o que irá receber nos meses futuros, se utilizá-lo para planejar mais detalhadamente as entradas de dinheiro que compõem seus rendimentos. O "grande objetivo" é a poupança acumulada a atingir no final do ano, após ter pago suas despesas.

## Um desafio financeiro

Um dos objetivos que recomendo a todas as pessoas é que se proponham a aumentar seus rendimentos em 10% a cada ano. Se conseguir fazer isso, você estará duplicando o que ganha de sete em sete anos.

No entanto, para você, que está lendo este livro, recomendo um objetivo um pouco mais ambicioso:

### Aumente seus rendimentos em 30% todos os anos

Parece-lhe muito? Estou perfeitamente consciente do que estou lhe dizendo. Naturalmente que quem não tem uma situação financeira e planos estruturados não poderá começar a fazê-lo de imediato. Porém este é um excelente objetivo que pode ser atingido a curto prazo. Os 30% são representativos de um aumento gradual nas suas fontes de rendimento, mas obrigam a uma diversificação delas. Possivelmente, você não o conseguirá apenas com o trabalho assalariado, mas agora é o momento de começar a pensar como as pessoas mais bem-sucedidas financeiramente. Quanto mais fontes de rendimento tiver, mais fácil será cumprir esse objetivo e mais segurança financeira você terá. Ao longo do livro vou explorar algumas formas de diversificar os rendimentos para atingir esse objetivo.

No entanto, se você ainda está cético, acredite no processo deste livro. Tenho duplicado os meus rendimentos todos os anos. Se ajudar, leia o livro *No excuses*,[6] de Kyle Maynard, para se inspirar e acreditar que, se realmente quiser e trabalhar para isso, irá consegui-lo. Após ler o livro mencionado, você verá que a geração de capital é algo relativamente simples quando comparado com outros desafios. (Kyle, que nasceu com os braços amputados na altura do cotovelo, e as pernas na altura dos joelhos, sempre viveu e foi educado com a filosofia de "não há desculpas", e a verdade é que se tornou um líder na vida.)

Agora o seu caso: você já levantou seus ativos, definiu objetivos financeiros e criou planos para ajudar a concretizá-los. A parte em que se confronta com a realidade está feita. Agora, pode começar a estudar metodologias e novos paradigmas para ter mais dinheiro, cumprir seus planos e, acima de tudo, ter mais qualidade de vida.

---

6 Em tradução livre, *Sem desculpas*. Livro não lançado no Brasil.

**Ano: 2010**

| Rendimentos | Mês | | | | | | | | | | | | Total |
|---|---|---|---|---|---|---|---|---|---|---|---|---|---|
| | 1 | 2 | 3 | 4 | 5 | 6 | 7 | 8 | 9 | 10 | 11 | 12 | |
| Trabalho assalariado | -R$ | -R$ | -R$ | -R$ | -R$ | -R$ | R$ 2.000 | R$ 1.000 | R$ 1.000 | R$ 1.000 | R$ 1.000 | R$ 2.000 | R$ 8.000 |
| Pequenos negócios | -R$ | -R$ | -R$ | -R$ | -R$ | -R$ | R$ 250 | -R$ | R$ 250 | R$ 250 | R$ 250 | R$ 250 | R$ 1.250 |
| Patentes/Royalties | -R$ | -R$ | -R$ | -R$ | -R$ | -R$ | -R$ | -R$ | R$ 1.000 | -R$ | -R$ | -R$ | R$ 1.000 |
| Imóvel produtivo | -R$ | -R$ | -R$ | -R$ | -R$ | -R$ | -R$ | -R$ | -R$ | -R$ | 800 | 400 | R$ 1.200 |
| Total | -R$ | -R$ | -R$ | -R$ | -R$ | -R$ | R$ 2.250 | R$ 1.000 | R$ 2.250 | R$ 1.250 | R$ 2.050 | R$ 2.650 | R$ 11.450 |
| Grande Objetivo | | | | | | | | | | | | | R$ 20.000 |

**Ano: 2011 (Previsão)**

| Rendimentos | Mês | | | | | | | | | | | | Total |
|---|---|---|---|---|---|---|---|---|---|---|---|---|---|
| | 1 | 2 | 3 | 4 | 5 | 6 | 7 | 8 | 9 | 10 | 11 | 12 | |
| Trabalho assalariado | R$ 1.100 | R$ 1.100 | R$ 1.100 | R$ 1.100 | R$ 1.100 | R$ 1.100 | R$ 2.200 | R$ 1.100 | R$ 1.100 | R$ 1.100 | R$ 1.100 | R$ 2.200 | R$ 15.400 |
| Pequenos negócios | R$ 500 | R$ 500 | R$ 500 | R$ 500 | R$ 500 | R$ 500 | R$ 500 | -R$ | R$ 750 | R$ 750 | R$ 500 | R$ 500 | R$ 6.000 |
| Patentes/Royalties | -R$ | -R$ | -R$ | -R$ | -R$ | -R$ | -R$ | -R$ | R$ 3.500 | -R$ | -R$ | -R$ | R$ 3.500 |
| Imóvel produtivo | R$ 400 | R$ 400 | R$ 400 | R$ 400 | R$ 400 | R$ 400 | R$ 400 | R$ 400 | R$ 400 | R$ 400 | R$ 400 | 400 | R$ 4.800 |
| Total | R$ 2.000 | R$ 2.000 | R$ 2.000 | R$ 2.000 | R$ 2.000 | R$ 2.000 | R$ 3.100 | R$ 1.500 | R$ 5.750 | R$ 2.250 | R$ 2.000 | R$ 3.100 | R$ 29.700 |
| Grande Objetivo | | | | | | | | | | | | | R$ 30.000 |

Figura 15 - Mapa de recebimentos futuros

# REGRA DOS 72

Quanto tempo uma pessoa leva para duplicar seu dinheiro? A "Regra dos 72" permite facilmente responder a essa questão, e é importante que a memorize, pois irá usá-la várias vezes ao longo da vida.

A regra é muito fácil de aplicar. Para saber quanto tempo você levará para multiplicar seu dinheiro, divida 72 pela taxa de retorno que espera obter. A resposta lhe dará o número de anos de que necessita para duplicar seu dinheiro.

Imagine que consegue uma taxa de retorno de 10% dos seus investimentos. Aplicando a fórmula 72/10 = 7,2 anos, ou seja, você precisará de 7,2 anos para duplicar seu dinheiro.

Agora, imagine que não está em questão o dinheiro, mas o número de anos que você vai levar para duplicar o custo de vida, com a inflação. Esta ferramenta ajuda-o da mesma forma. Como exemplo final, você já sabe que, se lhe prometerem duplicar seu dinheiro dentro de dois anos, estão lhe prometendo uma taxa de 36%, algo muito acima do que é praticado no mercado.

$$\frac{72}{\% \text{ de retorno}} = \text{N}^\circ \text{ de anos para duplicar o dinheiro}$$

## Para aplicar!

- Faça o levantamento de seus ativos e passivos e calcule seu valor líquido. Não se esqueça de atualizá-lo regularmente ao longo da vida.

- Pondere a fase financeira em que se encontra e quais os principais desafios financeiros que enfrenta.

- Lembre-se de que a idade é relativa e aceite com naturalidade as descobertas que fez.

- Trace seus objetivos financeiros de curto e longo prazo. Utilize regularmente técnicas de visualização para se alinhar constantemente com seus objetivos.

- Utilize um orçamento anual para ajudá-lo a realizar os objetivos de curto prazo.

- Crie um plano financeiro para outros objetivos, focando-se nos rendimentos que terá de obter e na taxa de rentabilidade para alcançá-los com o mínimo de esforço.

- Defina seu nível de riqueza ideal para ter a vida com que sempre sonhou. Pondere bem as diferenças entre levar uma vida com segurança, ter conforto ou ser rico.

- Crie seu mapa de rendimentos, de forma a focar-se regularmente no aumento do seu capital.

# PARTE 2
# PARADIGMAS DOS MILIONÁRIOS

*"Ter 100 milhões de euros é tão fácil que qualquer pessoa pode tê-los. Poucas pessoas acreditam em mim quando digo isso, mas sei que isso é possível porque sem contatos, sem dinheiro e sem educação, eu consegui."*

DUNCAN BANNATYNE[7]

Existem 165.000 milionários conhecidos no Brasil. Você gostaria de ser um deles? Mesmo que seu objetivo não passe por ser milionário, estudar as pessoas mais bem-sucedidas financeiramente vai ajudá-lo a ter mais dinheiro e mais qualidade de vida. Esse é o primeiro passo na procura de soluções para realizar seu potencial financeiro. Se quer ganhar dinheiro, você não deve estudar quem está endividado ou com problemas financeiros, mas sim os mais bem-sucedidos. As oportunidades não surgem quando você está focado no seu oposto.

Para ter mais dinheiro, você tem de se comprometer com o objetivo de querer ganhar mais dinheiro e ter mais sucesso.

---

7 Duncan Bannatyne, escocês, é empresário, filantropo e autor de livros.

Vale a pena se questionar sobre se essas competências podem ser aprendidas ou se são apenas parte integrante das características de alguns "sortudos". Após vários anos analisando as finanças pessoais de diversas pessoas, só posso lhe dizer que, se quiser, poderá interiorizar algumas dessas atitudes e, naturalmente, adaptá-las às suas forças e competências, caminhando mais rapidamente para o sucesso pessoal e financeiro. Pergunte-se se quer isso o suficiente e, mesmo que surjam dúvidas, reforce sua convicção de querer melhorar suas atitudes diante da vida e do dinheiro.

Algumas metodologias para ajudá-lo serão apresentadas com mais detalhe no capítulo seguinte, mas, acima de tudo, você precisa desenvolver um estado de espírito adequado à "ciência" de se tornar rico e pensar como os milionários. Imediatamente você perceberá que não existem fórmulas mágicas.

## ATITUDES DOS MILIONÁRIOS

Já se fizeram milhares de estudos e publicaram-se vários livros sobre este tema, desde o clássico *Pense e fique rico*, de Napoleon Hill, passando por outros mais científicos, como *O milionário mora ao lado*, de Thomas Stanley. Após vários anos estudando as pessoas mais bem-sucedidas financeiramente, pretendo sistematizar algumas das suas atitudes mais importantes para a criação de riqueza e transmitir um pouco das experiências que tenho tido ao conviver com elas. Um dos milionários que mais fala sobre o tema da riqueza de forma aberta é o americano Donald Trump, que sistematizou no livro *Wealthbuilding 101* as

> **• LEMBRE-SE:**
> Estude as atitudes e pensamentos das pessoas mais bem-sucedidas e aplique-os na sua vida.

bases do pensamento milionário. Outro método para analisar as atitudes dos milionários é estudá-los, como fez o professor Richard St. John em seu livro *8 to be great*. Em seguida, resumo algumas das características desses e de outros estudos sobre os milionários.

## Pense grande

Esta é uma frase recorrente no léxico do bilionário Donald Trump. Lidar com desafios faz parte do processo natural de um empreendedor, e é importante perguntar a si próprio de tempos em tempos se seus planos não poderiam ser maiores, e pensar todos os dias como poderia ser mais arrojado. Em muitos casos, o esforço de desenvolver algo pequeno ou algo grande é muito semelhante, mudando apenas o tamanho da sua visão.

Naturalmente que você pode e deve começar com pequenos passos ou pequenos negócios, para se adaptar e aprender, mas ambicione algo maior. As pessoas mais bem-sucedidas gostam de desafios, e o crescimento sustentado é um fantástico motivador.

## Viva apaixonado

As pessoas mais bem-sucedidas são apaixonadas pelo que fazem e contagiam os outros. As emoções intensas são uma parte natural e fundamental da sua vida. São as emoções que deixam os momentos gravados na nossa memória e na memória de outros. A paixão é uma chama que nos permite ir bem além da mediocridade, tornando as ações expressivas e carismáticas.

Uma forma de viver mais apaixonadamente é fazer dos seus gostos e *hobbies* uma parte dos seus negócios ou rendimentos. Trabalhar e investir numa área de que goste é essencial para o sucesso e para a satisfação a longo prazo.

## Tome decisões

Assumir a responsabilidade pelas suas decisões e saber utilizar o conhecimento de que dispõe no momento de agir, mesmo sem saber tudo, é uma atitude habitual dos milionários. A sabedoria que advém da "rua" e da experiência prática sobrepõe-se, muitas vezes, à teoria acadêmica, pois muitas são as ocasiões em que é necessário iniciar um caminho sem possuir todo o saber, e a adaptação é feita à medida que se vai aprendendo. Aprenda a tomar decisões rapidamente e a qualquer momento, e não tenha problemas em comprometer-se com elas.

## Seja seu maior ativo

Se você for sua própria marca e colocar seu cunho e sua imagem em tudo o que faz, mais ninguém poderá fazê-lo. Estará sendo autêntico e capitalizando sua individualidade. Não copie o que outros fazem. Sempre que se começa um negócio com base na imitação, é certo que não irá funcionar bem. Ao crescer como pessoa, você desenvolverá sua marca e, ao expandir sua marca, irá também crescer como pessoa.

Defina seu caminho, aprenda com os outros, mas lute sempre pelos seus objetivos.

## Desenvolva-se como pessoa

O desenvolvimento pessoal está intimamente ligado à criação de riqueza. Quanto mais você crescer como pessoa, maior quantidade de dinheiro aparecerá. O tempo que você investe em afiar suas ferramentas e competências será mais tarde alavancado. Muitos dos milionários mais bem-sucedidos já resolveram seus problemas de atitude pessoal e procuram contribuir para o desenvolvimento de outros e da sociedade. Ser íntegro e merecer a confiança de outras pessoas é fundamental para o sucesso de longo prazo. Ao alavancar seus conhecimentos e experiência, você crescerá em vários níveis de riqueza: mental, física, relacional, financeira e espiritual.

A maioria dos milionários não é apresentada ou definida apenas pelo tamanho da conta bancária, mas por viver uma vida repleta de experiências.

O processo de criação de riqueza é, por vezes, um trabalho solitário, no qual você terá de recorrer a si mesmo e às suas capacidades em primeiro lugar. Estar informado, conhecer seu negócio e conhecer a si próprio é fundamental.

### Aprenda a negociar

O dinheiro e os negócios têm todas as características para suscitar discussões. As negociações são difíceis, e a pressão de receber ou dizer um "não" é grande. O "não" representa tipicamente um confronto, e poucas pessoas gostam de entrar em conflito. Para negociar melhor a preparação, é fundamental aprender a analisar o que poderá interessar à outra parte, quais as alternativas e utilizar muito bem a inteligência emocional e o pensamento lateral. Não tenha problemas em competir e analise a possibilidade de levar a outra parte a cooperar, procurando relações de "ganha-ganha".

Não se esqueça de que, para negociar, você não deverá colocar logo de início todos os pratos em cima da mesa. Nesse processo de lidar com objeções, você tem de conseguir convencer as pessoas a aceitar suas ideias. Muitas vezes, não se

# O BALDE E AS PEDRAS GRANDES

Um professor de filosofia queria demonstrar um conceito aos seus alunos e levou para a aula um balde e vários sacos de pedras. Pegou então o balde e começou a colocar várias pedras dentro dele. Em seguida, o professor perguntou aos alunos: "O balde está cheio?". Os alunos responderam unanimemente: "Sim". Depois, o professor pegou outro saco com pedras menores, jogou-as dentro do balde, e as pedrinhas alojaram-se no meio das pedras grandes. O professor perguntou novamente aos alunos: "O balde está cheio?". Com alguma hesitação, os alunos responderam que sim. O professor pegou uma lata de areia e começou a despejá-la dentro do balde, preenchendo os espaços entre as várias pedras. Pela terceira vez, perguntou: "Então, está cheio o balde?". Agora, a maioria dos alunos já estava convencida de que o exercício tinha terminado, e a resposta foi a mesma.

O professor pegou um jarro de água e despejou-a dentro do balde, encharcando a areia e as pedras. Então perguntou aos alunos qual era o objetivo da demonstração. Um deles respondeu prontamente que, mesmo quando já se tem sua agenda da vida cheia e com muitas coisas para fazer, sempre se consegue colocar mais alguma coisa lá dentro. O professor respondeu que poderia ser uma hipótese, mas que a resposta não estava completa. O que o exercício queria demonstrar é que, se as pedras grandes não forem colocadas em primeiro lugar, nunca mais serão postas no balde, pois este já estará cheio de outras pedras menores ou de areia.

As pedras grandes representam as coisas realmente importantes na sua vida, como o crescimento pessoal. As pedras pequenas caracterizam suas obrigações, bens materiais e todas as outras coisas que poderão se adaptar e moldar a uma estrutura maior. Se preencher sua vida somente com coisas pequenas, você não terá espaço para mais nada.

A lição a retirar desta história é que você deverá dedicar-se primeiro às coisas mais importantes e ir fazendo gradualmente as coisas menos importantes, pois só assim conseguirá "encher" sua vida várias vezes, e não apenas uma.

Nota: Já foram contadas muitas versões desta história, mas seu autor permanece desconhecido.

pode abrir o jogo sem antes perceber se haverá vários níveis de fatores decisórios que vão esmagar sucessivamente as condições. Guarde seus trunfos para o momento crítico e analise qual a melhor abordagem à negociação.

## Arrisque

A vida deverá ser uma aventura para ser vivida! Se você não está arriscando um pouco, é porque não está vivendo a vida em todo o seu potencial. É natural medir os riscos e ter redes de segurança, mas saltar e ir atrás dos sonhos é fundamental. Quem não correria riscos para alcançá-los?

Nunca se consegue controlar tudo. Por isso, deixe de lado o medo de falhar e tente. É importante dizer que "risco" é uma palavra muito abrangente. Você tem de identificar de forma pragmática qual o tipo de risco que poderá correr: jurídico, de segurança, financeiro, operacional, entre outros. Uma forma de reduzir o risco em alguns negócios é implementar as ideias o mais rápido possível, testá-las e ter sempre um plano B.

Já diz o ditado popular: "Quem não arrisca não petisca".

## Otimize

É normal você se sentir desconfortável se perceber que está perdendo tempo ou que algo em que se envolveu não está correndo da melhor forma possível.

As pessoas mais bem-sucedidas pensam continuamente se estão agregando valor. Otimize o seu pensamento colocando-se as seguintes perguntas: O que estou fazendo ou o que se passa à minha volta agregam algum valor? Há alguma

# LIDAR COM O NÃO

Quando foi a última vez que você ouviu um "não" redondo vindo de alguém de quem precisava de algo? De que modo você recebeu a resposta?

Acredito que a maioria das pessoas gosta de ajudar os outros, mas, muitas vezes por questões profissionais ou pessoais, nem sempre é possível. A verdade é que, a princípio, todas as pessoas têm um "não" garantido. Contudo, depende da nossa vontade a capacidade de insistência e persuasão para reverter a situação.

Lembre-se de que o primeiro "não" é o mais difícil, podendo apanhá-lo desprevenido ou representar o choque com a realidade que você queria evitar. Se quer reverter a situação, tem de tentar novamente, com novos argumentos, de forma mais criativa ou com uma nova perspectiva.

O segundo "não" deverá ser mais fácil de receber do que o primeiro, pois já está colocada em marcha a motivação e/ou o plano para tentar reverter a situação. Porém, a maioria das pessoas não o percebe assim e pensa que a outra pessoa está realmente decidida a não colaborar.

O terceiro "não" surge também com um sabor amargo, e, a essa altura, mesmo as pessoas mais decididas poderão pensar nas duas vezes anteriores, conformando-se com a resposta. Deixe-me dizer-lhe que o terceiro "não" costuma ser a porta para a criatividade e para o verdadeiro engenho de entrar em ação. Depois de três "nãos", por que você não haveria de conseguir? Se estiver realmente empenhado em algo, o terceiro "não" é apenas mais um que demonstra sua determinação e sua força para conseguir o que quer.

Aprenda a colocar os "nãos" para trás e acredite que uma posição resoluta, mesmo que negativa, é melhor do que um "nin" de alguém que não sabe se significa um "sim" ou um "não".

maneira mais fácil de fazer isso? Há alguma coisa em que eu seja mais produtivo e que possa realizar?

A gestão de tempo e de prioridades é uma componente essencial da otimização, pois o tempo é um dos recursos mais escassos. Os milionários têm total conhecimento do seu valor e o utilizam em seu proveito: trocam as atividades obrigatórias de baixo valor, que ocupam tempo, por dinheiro, dedicando-se a outras atividades em que o valor do retorno é compensador.

Essa técnica orientada para a otimização justifica a troca de atividades de baixo valor, que outra pessoa pode fazer em seu lugar, por tempo livre, deixando-o com disponibilidade para se focar na criação da riqueza. Por exemplo, se você gasta cinco horas por semana para passar roupa, quando podia pagar R$ 80 por mês à lavanderia para fazer isso, não está utilizando bem o seu tempo: significa que o está trocando por R$ 4 por hora, quando poderia estar realizando outra atividade bem mais lucrativa. Os milionários se perguntam constantemente qual o melhor uso para o seu tempo.

### Ouça seus instintos

Já dizia Einstein: "A única coisa realmente valiosa é a intuição". Os instintos funcionam como alertas, e é muito importante saber quando aproveitá-los. Como aprender a utilizá-los? Há pessoas que os descrevem como "ouvir o coração"; outras ficam arrepiadas e, na prática, há muitos estilos diferentes de manifestação, conforme a pessoa ou a situação. Independentemente da manifestação física, para saber utilizar o instinto você precisa ser cauteloso e agir com precaução quando recebe um sinal do corpo. O processo de confiar nos instintos é gradual, mas vai ajudá-lo a tomar melhores decisões.

Você também deverá ter cuidado com alguns instintos, como os que não podem ser minimamente justificados. A melhor conjugação é utilizar sempre a lógica e seus instintos.

## Persistência e *foco*

A persistência ou perseverança é uma prática comum dos empreendedores. Se tiver uma ideia boa, é preciso acreditar nela. Não é fácil empreender, independentemente do país. Por isso, se tem alguma coisa em que acredita, continue a trabalhar nela, lidando com as adversidades e dando um passo de cada vez. Quem trabalha com desenvolvimento de produtos ou em áreas de inovação sabe que um grande número de pesquisas sobre novos produtos é sinal de persistência: são necessárias 58 novas ideias para se entregar um produto de sucesso.

Thomas Edison, inventor da lâmpada incandescente no século XIX, talvez ilustre um dos mais conhecidos exemplos de determinação e perseverança. Ele testou cerca de 3.000 teorias para produzir uma lâmpada incandescente. Outros cientistas já tinham tentado aumentar a duração e o método de produção de luz desse tipo de lâmpada, pois as de arco elétrico da época não eram apropriadas para uso doméstico. Edison foi o primeiro a construir um filamento de grande resistência para as lâmpadas incandescentes, de forma a ter a duração que queria; sem derreter o filamento, teve de fazer milhares de experiências sobre o material a utilizar. Ele testou centenas de milhares de materiais para uso no filamento e,

> **DICA:**
> A gestão de tempo é crucial para ter mais dinheiro. Desenvolva um pensamento orientado para a eficiência e incorpore-o em tudo o que faz. Só assim você poderá rentabilizar melhor o seu tempo.

se não fosse sua persistência, trabalho e determinação, não teria registrado a patente dessas lâmpadas. Em suas palavras: "Antes de conseguir, testei não menos do que 6.000 diferentes vegetais e materiais à procura do mais apropriado para o filamento. Nunca me senti desencorajado ou inclinado a não ter sucesso, mas não posso dizer o mesmo dos meus associados. Genialidade é 1% de inspiração e 99% de transpiração. Nunca fiz nada de útil por acidente. As coisas apareceram com trabalho".

À luz desse exemplo e com *foco* no que quer atingir, certamente você irá encontrar motivação. A visualização do que pretende atingir vai ajudá-lo a desenvolver métodos ou pensamentos paralelos para resolver as situações. Quando se foca em algo, canaliza energia para esse propósito, dando-lhe uma maior consciência e percepção dele. Não se disperse por muitos objetivos incompatíveis ao mesmo tempo. Cumpra um de cada vez e verá que estará mais preparado para lidar com os desafios. Lembre-se de que as coisas boas não aparecem tão facilmente como pensa e você terá sempre muito trabalho se começar do zero.

## Associe-se a pessoas bem-sucedidas

Você reconhecerá a importância de trabalhar sua rede de contatos e se associar a pessoas bem-sucedidas se eu lhe disser que tipicamente seu rendimento poderá ser calculado pela média dos seus cinco amigos mais próximos? Sua rede de relações ajudará a aumentar suas probabilidades de gerar riqueza. Quanto mais contatos você desenvolver, mais próximo poderá estar de uma pessoa bem-sucedida que o possa apoiar.

No livro *O ponto da virada,* Malcolm Gladwell fala sobre as pessoas que conhecem um número extraordinário de outras a quem chama de "conectores". Pela sua energia, confiança, carisma social e interesse pelos outros, desenvolvem grandes redes de contatos, das quais fazem parte pessoas distintas de vários meios. Para ter mais dinheiro, você deverá quebrar as barreiras e conhecer o maior número de indivíduos, procurando aqueles de outras áreas, meios e mais experiência. A próxima seção é inteiramente dedicada aos seus mentores.

## MENTORES

Imagine que você vai viajar para uma zona totalmente desconhecida e perigosa. Qual seria a melhor forma de conhecer a localização e se orientar? Os guias existem exatamente para isso, e na vida e nos negócios acontece a mesma coisa. Se pretende entrar numa área nova, da qual não sabe nada, a forma mais rápida é pedir ajuda a um mentor.

> **! LEMBRE-SE:**
> Independentemente do evento, é a atitude que condiciona o resultado. Não se esqueça da fórmula "evento + atitude = resultado" e tenha sempre uma atitude positiva.

"Uma simples conversa à mesa com um homem sábio vale um mês de estudo de livros" é um provérbio chinês que resume à perfeição a importância de termos mentores. A verdade é que você pode demorar anos para criar uma carreira ou negócio, mas, com conselhos, suporte e conhecimento, pode evitar alguns erros.

Os líderes de negócios têm mentores e sentem que sua experiência é indispensável para lhes dar novas perspectivas, proficiência na tomada de decisões e, acima de tudo, possibilitar momentos de crescimento e aprendizagem. Todos nós

# FOQUE-SE NAS SUAS FORÇAS

Para realizar completamente seu potencial, você deverá utilizar suas forças e características naturais que o tornam único. Todos temos talentos, interesses, competências e valores que, se forem perfeitamente alinhados, vão alavancar-nos enquanto pessoas.

No livro *Strengthsfinder 2.0*, Tom Rath fala exatamente das forças que o diferenciam do resto das pessoas e ajuda-o a encontrar suas cinco forças principais. Exemplos dessas aptidões naturais são a capacidade de se manter focado, comunicar, liderar, ser criativo, estabelecer relações, aprender, harmonizar, ser positivo, ser responsável, ter disciplina, ser empático, competir, entreter outros, entre outras. É ao aplicar suas forças que você irá se distinguir no local de trabalho e na vida.

Na prática, as competências técnicas e métodos que aprendemos complementam as forças. Quando vê uma pessoa ter um desempenho quase perfeito em determinada atividade, o mais provável é que você esteja observando uma das forças dessa pessoa em ação, e percebe isso pela forma harmoniosa, natural e sem esforço como ela se comporta.

O oposto de se focar nas suas forças é estar sempre tentando complementar ou corrigir áreas para as quais você tem menos aptidão ou características da sua maneira de ser de que você não gosta. Se se concentrar nesses aspectos, você estará dispersando energias importantes e não estará alavancando suas competências principais. Melhore as suas características mais frágeis até o nível mínimo desejado e foque-se nas suas forças!

aprendemos por observação, e aprender com pessoas bem-sucedidas é uma experiência muito gratificante.

Não se esqueça de que em determinada altura todas as pessoas bem-sucedidas aprenderam com alguém. Existem vários modelos de mentores. Normalmente, um bom mentor não lhe diz como fazer o seu trabalho, mas partilha experiências, sucessos, e alerta-o para determinadas situações. Desde pequeno que uma das suas formas de aprendizagem tem sido a observação. Se tiver a oportunidade de trabalhar com pessoas formidáveis ou conhecê-las, a aprendizagem por observação poderá ser um importante veículo. A dificuldade desse método é procurar os mentores.

Muitas aprendizagens vêm da nossa própria experiência e das situações de vida que vamos experimentando por tentativa e erro, designando-se teoricamente por aprendizagem baseada na descoberta. Pode fazer enormes descobertas por acidente; basta você estar aberto e focado no que precisa. Já dizia James Redfield no seu best-seller *A profecia celestina*: "Quando alguém cruza nosso caminho, traz sempre uma mensagem para nós. Encontros fortuitos são coisa que não existe. Mas o modo como respondemos a esses encontros determina se estamos à altura de receber a mensagem." É o caso de dizer: "Quando o aluno está preparado, o professor aparece", e certamente muitas das suas aprendizagens foram feitas dessa forma.

Vamos agora ponderar como você poderá consultar seus mentores.

> **! LEMBRE-SE:**
> Convide regularmente uma pessoa bem-sucedida financeiramente para almoçar.

## Seu grupo de mentores

Alguma vez você já pensou em quem são seus mentores? Tal como dizia o conhecido bilionário Warren Buffet: "Se me disser quem são seus heróis, eu lhe direi como irá correr a sua vida." Ter um "grupo de mentores" que consulte mentalmente (ou realmente) vai apoiá-lo nas decisões difíceis e dar-lhe perspectivas diferentes. O ideal é ter mentores que conheçam e que tenham mais experiência, mas você poderá também ter no seu grupo de mentores gente que não conhece, mas estudou em livros, revistas, e em quem identifica um conjunto de características que os definem. Essas pessoas de mais difícil acesso poderão ser líderes nas suas áreas, e você deverá tentar captar sua sabedoria por outros meios.

Como alternativa, você poderá se perguntar se conhece alguém que conheça algum milionário. Por que não tenta almoçar com um milionário regularmente? Se for apenas por uma questão de dinheiro, você poderá lhe perguntar sem pudor se ele não se importa de dividir a conta. (Eu recomendo que ofereça o almoço, pois será certamente um excelente investimento.) Todos gostamos de falar com pessoas interessantes com quem possamos partilhar experiências, e muitas pessoas estão menos distantes do que pensamos. Se tiver essa oportunidade, pergunte-lhe como fez, se utilizou algum sistema e se tem alguma recomendação.

Relacione a seguir seus mentores, reais ou imaginários. Pondere o que cada um lhe diria sobre suas decisões importantes e negócios.

# APRESENTAÇÃO DE ELEVADOR

Imagine que está numa conferência de negócios num hotel. Quando entra no elevador para subir para o seu quarto, você encontra um milionário e empreendedor de sucesso que sempre quis conhecer para lhe falar dos seus projetos. Tem de aproveitar a oportunidade!

Você sabe que só tem 40 segundos para se apresentar e deixar uma impressão positiva. O que lhe diria?

Essa é a situação que dá nome às apresentações em formato "discurso de elevador" (*elevator pitch*), em que a pessoa tem a possibilidade de resumir de forma pragmática o que faz, o que a torna especial e qual a sua missão.

Você certamente quer deixar uma impressão positiva na pessoa com quem está falando e dar seguimento a um próximo passo, e por isso deverá adequar sempre seu discurso de elevador à pessoa e ao contexto em questão.

Os discursos de elevador têm uma boa prática: ensaiar, ensaiar e ensaiar. Como podem acontecer nas situações mais inesperadas, deverão surgir de forma natural, e nada como uma boa preparação. Há muitas formas de introdução, mas um formato que aplico regularmente é o seguinte:

(Apresentação e cumprimento à pessoa a quem se dirige.)

Eu trabalho com................, colaboro com a empresa........................fornecendo................, e gostaria de (pedir o contato, deixar um cartão de visita ou sugerir o próximo passo.)

Lembre-se de que as apresentações de elevador são uma componente essencial da sua marca ou projeto, razão pela qual poderá haver várias apresentações conforme a situação em que você se encontra. E, como são sempre situações intensas, carecem de preparação.

O outro tipo de apresentação pessoal ou de uma ideia de negócio é a "apresentação de guardanapo" (*napkin pitch*), que é normalmente feita durante uma refeição e numa folha de guardanapo. Essa apresentação deverá durar no máximo 15 minutos, durante os quais você explicará as várias componentes do seu projeto.

## DINHEIRO E FELICIDADE

O dinheiro traz felicidade? Esta seção pretende desmistificar qualquer dúvida que você tenha de que o dinheiro ajuda a ter mais felicidade.

Trata-se talvez de uma das perguntas mais antigas do mundo! Vários estudos provaram que o dinheiro aumenta a felicidade quando tira as pessoas da pobreza ou de dificuldades e lhes proporciona conforto.

Quem ganha R$ 50.000 por ano é mais feliz do que quem ganha R$ 16.000 por ano. Essa é também a conclusão de um livro recente de um professor de psicologia de Harvard, Daniel Gilbert, intitulado *Tropeçar na felicidade*. Mas o estudo desse professor vai um pouco mais longe, afirmando que quem ganha R$ 1.000.000 por ano não é muito mais feliz do que quem ganha R$ 150.000 por ano. Para algumas pessoas, o dinheiro funciona como um símbolo do que se conseguiu atingir e poderá ser interpretado como um reconhecimento material de sucesso ou do trabalho desempenhado. Por vezes, não é o uso do dinheiro que motiva as pessoas, mas a sua posse. O dinheiro transmite habitualmente uma sensação de poder, no entanto, a maioria dos milionários mede sua riqueza por outros padrões que não apenas financeiros.

Há diferentes tipos de riqueza que devem ser equilibrados: mental, física, relacional e financeira. As pessoas mais bem-sucedidas percebem a importância de passar tempo com a família, cultivar-se como pessoas, ter vários *hobbies* e contribuir para a sociedade, pois, em última instância, a criação de riqueza é também uma forma de obter satisfação.

Andrew Carnegie, um conhecido milionário norte-americano, tinha uma frase que ilustra bem o processo de obtenção de gratificação durante a criação de riqueza: "Nenhum homem enriquece sem enriquecer outros". Para receber mais, primeiro temos de dar. Se fizermos uma analogia com o amor, para sermos amados, primeiro temos de amar. Se dermos tempo, um sorriso, sabedoria ou encorajamento, receberemos sempre muito mais do que aquilo que demos. Você não seria mais feliz se construísse sua riqueza com esses valores?

Certamente, o processo de criação de riqueza lhe trará mais emoções, desafios e alegrias, fará com que se sinta mais vivo, e, acima de tudo, é algo que se constrói pelo serviço que se presta aos outros.

A riqueza se constrói não pela convicção de querer ser rico, mas pela dedicação a uma ou mais "artes". O dinheiro aparecerá naturalmente em áreas de sua preferência e nas quais você está empenhado. Por essas razões, falar de dinheiro e felicidade transpõe em muito a ideia "tenho mais dinheiro, sou mais feliz", sendo a felicidade algo que se encontra durante o caminho individual. Já dizia B.C. Forbes, que media seu sucesso pelo número de vezes que sorria, que "as riquezas são mentais, não materiais".

É também o momento de recordar os sete pecados capitais, que, segundo Mahatma Gandhi, são responsáveis pelas injustiças sociais: riqueza sem trabalho; prazer sem escrúpulos; conhecimento sem sabedoria; negócios sem moral; política sem idealismo; religião sem sacrifício e ciência sem humanidade. O equilíbrio é fundamental para quem quer ter dinheiro, pois sem harmonia a riqueza é uma das maneiras mais rápidas de se aproximar do precipício.

> **! LEMBRE-SE:**
> O dinheiro traz mais felicidade quando tira as pessoas da pobreza.

## SEUS ATIVOS INTERNOS

Você já sabe que o desenvolvimento pessoal e a obtenção de riqueza andam de mãos dadas. Agora, vou um pouco mais longe, dizendo-lhe que o dinheiro não é a principal fonte de riqueza. Você é que é! O dinheiro é um veículo que tem formas fantásticas de se multiplicar ou diminuir, conforme a pessoa que o gere. É por isso que há outros recursos essenciais, como a coragem para implementar uma ideia, a criatividade, as relações pessoais, a integridade etc., que você deverá cultivar para criar mais riqueza. Alguns exemplos desses ativos:

| | | |
|---|---|---|
| Paixão | Generosidade | Gestão de tempo |
| Foco | Coragem | Capacidade de trabalho |
| Persistência | Integridade | Liderança |
| Criatividade | Arrojo | Comunicação |
| Empenho | Persuasão | Visão |

Naturalmente, também temos passivos internos, que não queremos cultivar excessivamente, como:

| | |
|---|---|
| Dispersão | Avareza |
| Preguiça | Pequenez |
| Medo | Ansiedade |
| Raiva | Luxúria |
| Inveja | Vaidade |

Se trabalhar seus ativos internos, você terá mais ferramentas para criar mais recursos. Liste agora seus ativos internos:

_____
_____
_____
_____

## Gratificações regulares

A forma como você recebe o dinheiro também condiciona sua felicidade e sua percepção dela. Nassim Taleb, no livro *A lógica do cisne negro*, fala de um estudo que mostra que, quando as pessoas recebem dinheiro com regularidade, normalmente se sentem mais gratificadas pelo seu trabalho.

Ao receber apenas uma grande quantia de dinheiro – por exemplo, uma vez por ano –, a percepção do reconhecimento pode desvanecer.

Quando recebe dinheiro de forma consistente, você pode aumentar sua motivação, e é uma maneira de recordá-lo de que está recebendo dinheiro pelo que tem trocado no dia a dia.

Quando a possibilidade de vir a receber o pagamento está muito distante, é mais difícil perceber o seu valor.

Parece que nossa felicidade necessita ser continuamente alimentada. Por exemplo, se receber R$ 100.000 num ano e depois não receber nada nos próximos cinco anos, isso não irá ao encontro da sua necessidade de gratificação regular e você não se sentirá tão bem quanto se ganhasse R$ 20.000 todos os anos. Para ter uma vida financeira mais feliz, tente receber continuamente gratificações financeiras. O mapa de recebimentos descrito no capítulo anterior deverá ajudá-lo no planejamento de suas gratificações financeiras regulares.

Esse é também um dos desafios que condicionam a criação de riqueza, pois o efeito poderá ser ainda pior se você tiver ganhado R$ 500.000 e perder R$ 400.000 em seguida. O exemplo de um aluno meu que transformou R$ 40.000 em R$ 400.000 em seis meses para perder tudo em quinze dias, e que necessitou de acompanhamento psicológico durante dois anos, ilustra bem nossa necessidade de receber um fluxo contínuo de satisfação ou dinheiro. No capítulo "Metodologias milionárias" irei explorar com maior profundidade o tema de trabalhar para ganhar muito dinheiro de uma vez e por que razão isso é normalmente desaconselhado.

## Dinheiro e corrupção

Algumas pessoas com muito dinheiro por vezes afirmam: "Não me perguntem como fiz meu primeiro milhão". Na verdade, basta ligarmos a televisão para ouvir muitas histórias e notícias de extorsão, tráfico de influências e muitos outros casos de corrupção por este mundo afora. Esse tipo de abordagem não é o que defendo neste livro, nem o que as pessoas verdadeiramente ricas praticam.

Ganhar dinheiro de forma desonesta é como encher um balão de ar com gás venenoso. O balão pode parecer muito belo a princípio e subir no ar, mas por dentro está sendo corrompido e, mais cedo ou mais tarde, vai rebentar, deixando cair quem o transportava. Sua consciência ou inconsciência poderá sabotá-lo, caso você escolha um caminho menos ético para a geração de dinheiro. A criação de riqueza implica princípios e responsabilidades, de forma a não fazer mal ao próximo, criando sempre abundância, e não escassez. Ao procurar relações de "ganha-ganha" de forma honesta e com integridade, você poderá ter uma vida mais equilibrada. Atualmente, as tendências do empreendedorismo social apresentam maneiras de melhorar sua vida e enriquecer ao mesmo tempo.

## O exemplo do empreendedorismo social

Uma das formas mais recentes de criar riqueza em todo o seu esplendor é a que tem sido explorada em vários exemplos de empreendedorismo social. Um empreendedor social é alguém que reconhece problemas na sociedade e utiliza metodologias empreendedoras para promover mudanças na vida de outros e, assim, criar riqueza social. Embora sejam feitas muitas associações a solidariedade e a organizações sem fins lucrativos, um dos exemplos de empreendedor que melhor ilustra isso é vencedor do Prêmio Nobel da Paz, Muhammad Yunus, também conhecido como "Banqueiro dos Pobres".

O professor Muhammad Yunus vivia em Bangladesh em 1974, e, enquanto ensinava economia, o país atravessava uma das piores crises de fome, que provocou a morte de milhares de pessoas.

Os princípios econômicos elegantes que teoricamente ajudariam as pessoas não estavam apoiando em nada a população à sua volta, e o professor teve de tentar fazer algo. Ao estudar a realidade econômica de pequenas aldeias no seu país, ele concebeu com seus alunos uma forma inovadora de ajudar. Um dia, emprestou US$27 a uma artesã para ela poder comprar uma maior quantidade de verga para cestos a um preço mais baixo, e, para sua surpresa, algum tempo depois, quando voltou à mesma aldeia, a senhora devolveu-lhe o dinheiro. Tinha conseguido aumentar seu negócio graças ao pequeno empréstimo que lhe tinha sido concedido e pagou-o.

Extrapolando esse modelo, o professor começou então a desenvolver o conceito de emprestar dinheiro aos mais necessitados em pequenas quantidades e a ensinar-lhes as bases financeiras para que pudessem se ajudar. Depois de anos tentando convencer instituições financeiras de que as pessoas pobres pagariam os empréstimos que lhes fossem concedidos, em 1983 Muhammad Yunus criou a sua própria, o Banco Grameen. Alimentado pela ideia de que o crédito é um direito fundamental de todos os indivíduos, e com o objetivo de ajudar os mais pobres a escapar a essa condição, ele criou o conceito de microcrédito. Na época, essa era uma ideia totalmente revolucionária, que acabou por ajudar mais de 5,3 milhões de pessoas e emprestar mais de 5,1 bilhões de euros (multiplicando por três, dá o valor em reais) em todo o mundo, promovendo interações de "ganha-ganha".

Todos temos diferentes vocações, e naturalmente não seremos todos empreendedores sociais, mas os princípios de criação de riqueza subjacentes são os mais puros e certamente criam muita felicidade.

## ELIMINE A RAIZ DOS PROBLEMAS FINANCEIROS

A gestão do dinheiro e das finanças pessoais é uma componente essencial para as pessoas mais bem-sucedidas financeiramente. Os problemas financeiros podem surgir por falta de preparação, pelo fato de a pessoa ter corrido riscos excessivos sem rede de segurança, por um acaso, mas muitas vezes derivam do comportamento pessoal. Em outros livros de finanças pessoais já abordei detalhadamente os aspectos da poupança, de créditos e de mudança de paradigmas financeiros. Agora pretendo abordar com um pouco mais de profundidade a componente comportamental e alguns pensamentos que estão na gênese dos problemas financeiros.

Há pessoas que se agarram a fatores externos que não conseguem controlar nem influenciar para justificar seus problemas. A palavra "crise" está muito na moda, mas, se quer ganhar dinheiro,

> **LEMBRE-SE:**
> Desenvolva métodos para receber dinheiro de forma regular e outras gratificações esporádicas, pois será mais feliz.

não se foque nas políticas e macroeconomias em relação às quais você não pode fazer nada. Esforce-se para sair da crise, focando-se em si mesmo e nas circunstâncias sobre as quais pode atuar.

O segundo passo é começar a valorizar bem a sua hora. Todo o seu tempo tem um custo, e, se não estiver cobrando por ele, você estará se enganando. Seu valor por hora tem mais a ver com o que cada pessoa está disposta a pagar do que com o custo que você acha que tem.

Para saber o valor do dinheiro, há que compreender a lei da oferta e da procura e a forma de ganhar dinheiro nos vários negócios. Até pode se tornar divertido entender o verdadeiro valor dos bens e compará-lo ao preço final apresentado ao consumidor. Elimine os pensamentos do gênero "se cobrar mais as pessoas não vão comprar", identificando quem irá pagar e por quê. Não se esqueça de que um valor mais elevado é muitas vezes visto como um sinal de qualidade, e você deverá focar-se em dar mais valor aos seus clientes.

Assim, poderá começar a desenvolver uma mente financeira mais apurada, dando o próximo passo, que é a eliminação de atividades de baixo valor. Já falamos que uma das atitudes das pessoas mais bem-sucedidas é a otimização do tempo. Se puder, reverta o tempo que gasta em atividades que não contribuem para o seu bem-estar e para a sua riqueza, eliminando-as. Se neste momento você tiver um valor por hora baixo, isso poderá não ser muito significativo, mas estará liberando tempo para se focar na criação de riqueza e aumentar seu valor por hora. Para os empresários que têm de se deslocar muito a trabalho, a contratação de um motorista particular é um desses exemplos que ajudam a poupar dinheiro e eliminar atividades de baixo valor: o tempo que aproveita para trabalhar enquanto está no trânsito, multas que deixa de pagar por dirigir e falar ao celular, estresse que evita por não conhecer os locais para onde vai e dinheiro que não gasta em estacionamentos são só algumas razões para ter um motorista, se você se desloca com muita frequência.

> **! LEMBRE-SE:**
> Não se foque em fatores externos que não pode controlar.

Se estiver sempre pensando em quanto irá lhe custar determinada coisa, deverá alterar a pergunta: passe a perguntar quanto é que determinada coisa renderá. As pessoas mais bem-sucedidas financeiramente pensam continuamente em investimento e no lado positivo do custo, que é a análise do retorno. O custo poderá ser muitas vezes irrelevante em função do dinheiro que é produzido.

Não se esqueça de que o dinheiro tem uma aritmética muito simples. Gaste sempre menos do que ganha e multiplique a diferença. As pessoas mais bem-sucedidas vivem sempre abaixo das suas posses, pois sabem que a independência financeira é sempre mais importante do que o *status*.

## Mitos que condicionam a riqueza

Todas as pessoas têm preconceitos e pensamentos que dão como certos, partindo de uma base mais ou menos fundamentada. É por causa de suposições, generalizações e desconhecimento a respeito das pessoas mais bem-sucedidas financeiramente que surgem os mitos.

O problema desses mitos é que nossos pensamentos podem condicionar fortemente a obtenção de riqueza, nos sabotando constantemente. Vou desmistificar alguns deles.

# O FATOR SORTE

Você pode acreditar que não tem sucesso financeiro por falta de sorte. É verdade que nos negócios, como na vida, alguns golpes de "sorte" ajudam. No entanto, deixe-me dizer-lhe que dá trabalho ter sorte, além de requerer um conjunto de atitudes que podem sser interiorizadas.

O Dr. Richard Wiseman, no seu livro *O fator sorte*, aprofundou o tema da sorte e como ela é formada. Um de seus estudos, por exemplo, revelou que as pessoas que consideram ter mais sorte acreditam também que vão ser bem-sucedidas em determinada situação pelo menos duas vezes mais do que as pessoas que acham que não têm tanta sorte. Na realidade, suas expectativas vão ajudá-lo a realizar seus objetivos.

Alguns princípios que estão na origem da sorte, e que se encontram ilustrados no trabalho de Richard Wiseman, são:

- Ter uma atitude relaxada para com a vida e o dinheiro. Quanto menos estressado você estiver, mais oportunidades verá e mais poderá utilizar suas *soft skills*.*
- Olhar o lado positivo de cada situação. A vida é feita de desafios, e, se você se focar constantemente nos problemas, verá mais problemas. As pessoas mais bem-sucedidas preparam-se para o pior, mas desejam o melhor.
- Estar receptivo a novas experiências. Ao estabelecer vários contatos e conhecer diferentes pessoas, você estará se desenvolvendo e criando uma "rede de sorte" que poderá alavancar quando mais precisar.
- Previna-se contra azares futuros. Se não ficar muito tempo preso em situações menos favoráveis e tomar medidas para prevenir situações semelhantes no futuro, você poderá acreditar que as coisas darão mais certo.

---

* São as qualidades informais de uma pessoa, além de suas capacidades profissionais, estudos formais etc.

## O dinheiro é a raiz de todos os males

Esta é uma generalização excessiva de quem talvez tenha vivido uma experiência difícil e para a qual o dinheiro tenha contribuído. Você saberá dentro de si que não é verdade, pois o dinheiro é apenas um veículo na mão de quem o usa. Seria como afirmar que a guerra é feita pelas armas, e não pelas pessoas. O dinheiro é uma das melhores invenções de sempre. Sem ele não se poderia facilmente atribuir valores a um bem, dividir bens, e poderíamos não ter um artigo ou serviço que interessasse à outra parte, voltando ao mecanismo de trocas iniciado há cem mil anos.

O que você precisa entender sobre o dinheiro é que são as pessoas que lhe atribuem todos os valores e crenças e determinam sua aplicação. O dinheiro é uma necessidade na vida de todos. Por isso, você tem de dominar os métodos de gestão financeira pessoal e conhecer as pessoas ou entidades que mexem com dinheiro na sua vida para multiplicá-lo melhor.

### Algumas pessoas têm o dinheiro todo

Esta seria uma afirmação válida se dissesse que algumas pessoas detêm 90% da riqueza. Desde que o papel-moeda substituiu o ouro e outros recursos finitos como medida de referência, todos os dias são impressos milhões de notas. O potencial para criar riqueza depende de você. Não ter recursos não é desculpa para não fazer as coisas acontecerem.

A engenhosidade é a habilidade de uma pessoa conseguir fazer algo, mesmo sem os recursos financeiros. Naturalmente que não será fácil enfrentar uma situação de pobreza ou dificuldade econômica temporária. No entanto, há uma grande diferença entre "ser pobre" e estar numa situação de penúria. A pobreza financeira é uma condição temporária que poderá ser remediada muito mais facilmente do que a pobreza mental. Não se preocupe com o que os outros têm e foque-se em construir o que pretende.

### Por herança familiar é que se chega a milionário

De acordo com o livro O *milionário mora ao lado,* de Thomas J. Stanley (que estudou centenas de milionários), 80% dos milionários não criaram sua riqueza devido a heranças familiares. Ao estudar alguns casos detalhadamente, ele descobriu que eram pessoas normais, mas que por alguma razão, ou volta na vida, traçaram seus objetivos de longo prazo e nunca se desviaram deles.

Se você está esperando receber muito dinheiro para enriquecer, aconselho-o a procurar outra alternativa. As probabilidades de enriquecer e manter essa riqueza são muito baixas. É preciso uma sólida educação financeira para saber lidar e gerir o dinheiro. Se você tem dificuldades em multiplicar seu dinheiro, por que haveria de ser mais fácil quando tiver muito? Os problemas só aumentarão se você não tiver uma preparação prévia. A boa notícia é que as estatísticas também mostram que há boas probabilidades de uma pessoa conseguir construir sua riqueza com trabalho próprio e perseverança, em vez de esperar que ela se materialize.

### É preciso dinheiro para fazer dinheiro

Quando você começa a querer construir uma fortuna sem dinheiro, terá de recorrer à sua engenhosidade e capacidades internas, alavancando outras características que possua. Poderá até não acreditar que consegue gerar riqueza, mas na realidade é preciso pouco dinheiro para fazer dinheiro, desde que você tenha disciplina, planeje e seja paciente. Cada real conta e, com o tempo, você irá habituar-se a ver o potencial de cada real que passe por suas mãos. Tal como se pode ver uma semente gerar frutos, você deverá ver que todos os seus reais podem multiplicar-se com a aplicação devida. Quando se tem pouco dinheiro, o efeito dos juros e da aplicação de capital pode ser pouco expressivo, mas com o passar dos anos ele vai melhorando cada vez mais e tem um efeito multiplicador fantástico. A título de exemplo, se você poupar R$ 1 por dia e o investir, veja o tempo que poderia levar para fazê-lo chegar a R$ 1.000.000:

R$ 1 por dia investido a 5% = 1 milhão em 99 anos
R$ 1 por dia investido a 10% = 1 milhão em 56 anos
R$ 1 por dia investido a 15% = 1 milhão em 40 anos

Ao comprometer-se com a criação de riqueza, você criará maneiras de multiplicar seu dinheiro. Mesmo que precise de recursos financeiros para iniciar seu negócio, com o plano certo poderá conseguir empréstimo. No capítulo "Metodologias milionárias" abordarei com mais detalhe métodos para começar com pouco dinheiro e ganhar mais. O estudo do fenômeno dos juros compostos irá desmistificar de vez esse mito.

### Se não falar ou pensar em dinheiro, tudo correrá bem

As pessoas mais bem-sucedidas financeiramente reconhecem a importância de falar sobre dinheiro sem tabus e o aceitam naturalmente.

Não adianta esperar apenas que as coisas se concretizem sem ter em conta a componente financeira, pois só aumenta os problemas e adia situações delicadas.

> **• LEMBRE-SE:**
> Mude seus paradigmas financeiros e aprenda com as pessoas mais bem-sucedidas financeiramente outras formas de encarar o dinheiro.

O que você tem de entender sobre o dinheiro é que se trata de um tema que suscita a discussão e a negociação. Ver o dinheiro como um meio para atingir outros fins é a maneira saudável de pensar nele. A verdade é que todos nós precisamos de dinheiro na nossa vida, e até começar a vê-lo como parte integrante, necessária e natural do cotidiano, você poderá ter problemas em mantê-lo e fazê-lo crescer.

## Não há problema em contrair um empréstimo

Os créditos, especialmente aqueles para o consumo, os pessoais e para compra de automóvel, me dão arrepios. Um crédito é o consumo de um recurso futuro no momento presente, hipotecando o amanhã para priorizar o agora. Quando alguém contrai um empréstimo, precisa ter atenção às taxas pagas e disciplina financeira para não deixar a situação se descontrolar, pois os empréstimos são um bom empurrão para a criação de dívidas financeiras recorrentes, que podem eliminar uma grande parte do seu rendimento mensal.

Na realidade, a maioria das pessoas necessita de algum tipo de crédito, como o de habitação, mas todos os outros devem ser muito bem pensados. A prática de ter dinheiro para o que se quer comprar é uma das bases das finanças pessoais. Se as dívidas de créditos já totalizam 15% do seu rendimento mensal, excetuando a casa, cuidado. Você pode estar perto de uma situação de endividamento mais séria, especialmente se não tiver poupanças (o mínimo que deve poupar para emergências é o equivalente a três meses de despesas, sendo seis meses o ideal).

Se você estiver pensando em um empréstimo para um negócio próprio, aí estará se alavancando e essa poderá ser uma boa dívida, consoante o modelo e a solidez do negócio. Empréstimos para educação, criação do próprio emprego, investimento em imóveis ou outras boas dívidas não podem cair no mesmo tipo de empréstimo de que falei. Faça muito bem as contas e não se assuste em ter boas dívidas.

## Posso sempre pagar depois

Adiar o que se deve nunca é uma boa prática. Primeiro, porque quebra o princípio da troca justa, segundo o qual todas as coisas têm um valor devido, que deve ser saldado quando da realização da transação, e acima de tudo porque, mesmo que você pague em prestações, está aumentando o risco de descumprimento no futuro. Na prática, transforma uma despesa numa dívida e aumenta o risco financeiro, ao começar a criar uma bola de neve de despesas. Rapidamente você poderá se ver pagando várias coisas depois, das quais já nem se recordará, e que aumentam o efeito de bola de neve das dívidas.

De acordo com os princípios das finanças pessoais, não gaste mais do que aquilo que ganha e invista a diferença. Habitue-se a adiar gratificações imediatas se precisar de crédito. Junte dinheiro até poder comprar o que pretende, e garanto-lhe que os bens materiais terão outro sabor – serão seus e de mais ninguém quando os adquirir.

## Não sei lidar com o risco

Habitualmente, há diversas reações ao risco, em dois extremos: pelo excesso de risco que se corre ou pela total aversão ao risco. Deixe-me dizer que, se você não arriscar um pouco, não estará vivendo a vida intensamente.

Lidar com o risco torna-se mais fácil quando se tem uma rede de segurança. Se tiver dinheiro guardado para emergências e uma situação financeira estável, alinhada com o que vimos no capítulo anterior, você terá condições de arriscar um pouco mais financeiramente.

Quando se fala de risco, é importante não pensar de forma genérica e abrangente. Você tem de especificar muito bem qual risco pensa correr. Que tipos de risco você conhece?

Pense um pouco. Temos risco jurídico, risco operacional, risco de segurança, risco financeiro, risco de mercado, risco pessoal, risco de crédito e vários outros tipos de risco que temos de enfrentar. Este é um dos passos mais importantes para a identificação do problema. Será depois mais fácil lidar com ele.

> **• LEMBRE-SE:**
> Se não arriscar um pouco, você não estará vivendo a vida intensamente.

Claro que o risco deverá ser bem medido e avaliado, e algumas técnicas, como a diversificação, ajudam. Mesmo que seu negócio esteja correndo bem, nada como ter um plano B ou outra linha de negócio para uma eventualidade.

Lidar com o risco pode também passar por uma introspecção e confiança nas suas capacidades. Quanto mais você se desenvolve como pessoa e aumenta seu conhecimento pessoal sobre o nível de risco que poderá correr, mais facilmente lidará com situações arriscadas. Prepare-se, tenha confiança em si, elabore um plano B e arrisque! Lidar com o risco faz parte do processo empreendedor.

## Para aplicar!

- Estude e interiorize as atitudes das pessoas mais bem-sucedidas. Ao aplicá-las, você maximizará seu potencial financeiro a longo prazo.

- Pensar grande, viver apaixonado, aprender a tomar decisões regularmente e a comprometer-se com elas, investir na sua própria marca, desenvolver-se como pessoa, aprender a negociar e a arriscar, otimizar seus recursos e tempo são apenas algumas das competências que encontramos em vários milionários.

- Procure mentores para lhe darem perspectiva, proficiência na tomada de decisão, e para aprender com eles.

- Reúna seu grupo de mentores, formado por indivíduos que você conhece pessoalmente e por outros que investigou, de forma a consultá-los em ocasiões importantes.

- Se você se encontra na média nacional de rendimentos, ter mais dinheiro vai ajudá-lo a ser mais feliz.

- Foque-se na criação de riqueza de forma idônea e com abundância também para os outros, pois só assim terá mais dinheiro e será mais feliz a longo prazo. Ganância desmedida, quebra de confiança e desonestidade não são praticadas pelas pessoas verdadeiramente ricas.

- Desenvolva seus ativos internos e visualize como poderá alavancá-los na vida.

- Procure receber dinheiro de forma consistente, fazendo-se acompanhar do seu mapa de recebimentos.

- Não se foque em fatores externos que não controla, concentrando-se nas suas circunstâncias e onde poderá atuar.

- Valorize bem a sua hora e elimine as atividades de baixo valor da sua vida. Assim estará criando uma mente financeira mais apurada.

- Tenha uma atitude relaxada para com a vida e o dinheiro, focando-se no lado positivo e aprendendo com os fracassos.

- Elimine pensamentos que acirram a pobreza mental, como "o dinheiro é a raiz de todos os males", "algumas pessoas têm o dinheiro todo", "é preciso dinheiro para fazer dinheiro", entre outros receios que estão sabotando você.

- Não tenha medo de arriscar um pouco, pois só assim estará vivendo sua vida plenamente.

# PARTE 3

# METODOLOGIAS MILIONÁRIAS

*Você pode tornar-se financeiramente independente, mas não o fará de um dia para o outro. Não vai investir numa ação milionária ou publicar um livro e vender 1 milhão de cópias. Vai tornar-se financeiramente independente um mês de cada vez.*

Jim Rohn

Existem centenas de sistemas, negócios, métodos e produtos para fazer muito dinheiro. A grande questão é saber se podem ser sistematizados e replicados por outras pessoas. Como já lhe disse, não acredito em fórmulas mágicas ou metodologias comprovadas para enriquecer rapidamente.

Se lhe falarem desses métodos, desconfie. Há no entanto um conjunto de práticas e de negócios que, quando corretamente administrados (e com um pouco de sorte), são favoráveis à criação de riqueza. São esses que pretendo sistematizar e que fogem ao tradicional trabalho assalariado das 9 às 6.

"Consistência" é a palavra que você deverá fixar. Consistência é a prática que você deverá sempre aplicar nos seus negócios. Ao ser consistente e perseverante na criação de

> **! LEMBRE-SE:**
> Seja consistente e perseverante na geração de riqueza.

riqueza e na gestão de suas finanças pessoais, você caminhará para uma vida mais feliz. Se, com consistência, conseguir aumentar seus rendimentos em 30% ao ano, como o desafiei a fazer, acredite que terá toda a riqueza de que precisa. É por isso que devo alertá-lo desde já para a ganância. O perigo da criação de capital é que o processo em si pode tornar-se viciante: quanto mais a pessoa tem, mais pensa que precisa. Se você já chegou até aqui, é porque já tem mais consciência de onde se encontra hoje financeiramente e qual seu objetivo. Não queira ganhar muito dinheiro depressa demais. Nada de bom advirá desse percurso. Não confunda o desejo de querer mais para ser bem-sucedido com uma motivação gananciosa para fazer a mesma coisa. Assegure-se de que constrói consistentemente sua riqueza e assim não irá construir uma casa de vidro.

Neste capítulo vou supor que você já tem a motivação e a vontade de querer ganhar mais dinheiro, sabendo que ninguém o fará em seu nome ou lhe dará algo de graça. As técnicas apresentadas em seguida servirão para ajudá-lo a descobrir e sistematizar seus próprios meios. Sempre acreditei que o melhor é ensinar a investir, e não dizer às pessoas que investimentos devem fazer, ou, neste caso, empreender, pois o importante é ter as ferramentas para, por si mesmo, trilhar o seu caminho.

## DIVERSIFIQUE SEUS RENDIMENTOS

Hoje em dia, a única certeza é a incerteza. A sociedade move-se a um ritmo alucinante, e há uma enorme volatilidade laboral. É por isso que recomendo que todas as pessoas pensem na melhor forma de diversificar seus rendimentos, para terem mais dinheiro e combaterem a dificuldade de manter um emprego e a volatilidade laboral.

Sabemos que 82% dos brasileiros só têm uma fonte de rendimento, sendo na sua maioria a do trabalho assalariado. Nos investimentos, uma boa prática é a diversificação dos ativos, pois, quando colocamos todos os ovos no mesmo cesto, se ele cair, é muito provável que se quebrem todos. Com suas fontes de rendimento acontece a mesma coisa: se não tiver uma segurança adicional e sua fonte ficar comprometida, você poderá arriscar sua saúde financeira e seu estilo de vida. Além disso, assistimos a um crescente número de pessoas que procuram ter mais do que um emprego por necessidades financeiras, e não como um método escolhido para ganhar muito mais dinheiro.

É então pertinente recordar as duas grandes categorias de rendimento que existem. Para algumas pessoas, poderá não ser compatível à primeira vista arranjar outro trabalho assalariado, e elas deverão pensar em outro tipo de rendimento:

- Um rendimento ativo é aquele em que algum serviço foi prestado com base no tempo que lhe dedicamos. Em geral requer muito tempo e muita energia vital para que haja alguma compensação financeira. São exemplos os rendimentos provenientes de trabalho assalariado, pequenos negócios, comissões ou consultoria.
- Um rendimento de portfólio ou residual é proveniente de uma renda. Habitualmente requer um investimento de tempo pontual (muito menos do que o rendimento ativo) e pouca energia vital. Caracteriza-se por perdurar sem necessitar de esforço acrescido,

como as rendas de casas alugadas, dividendos, juros, patentes, rendimentos de alguns corretores de seguros, entre muitos outros.

Se analisarmos graficamente a disposição dos vários rendimentos em função do tempo despendido, poderemos encontrar o seguinte mapa:

**Ativo**
+ Energia vital e tempo

**Passivo**
− Energia vital e tempo

Trabalho assalariado

Investimentos

Pequeno negócio

Royalties/Patentes

Consultoria

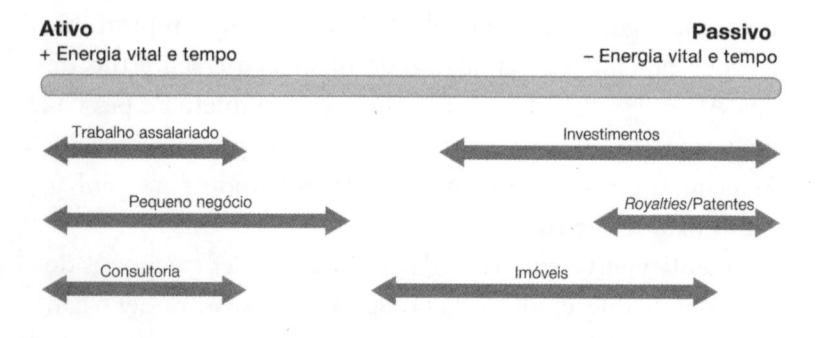

Imóveis

Figura 16 – Categorias e tipos de rendimento

## Inventar dinheiro

Deite-se hoje à noite e pense: "Como posso ganhar mais dinheiro?". Um exercício muito útil para se focar na criação de riqueza é pensar regularmente em como poderá ter mais dinheiro. Assim, duas vezes por dia, pelo menos, você deve meditar em outra coisa que poderia estar fazendo com o seu tempo. Se lhe surgirem desafios pelo caminho, como "Não tenho tempo" ou "Não sei fazer outra coisa", mude a maneira como faz a pergunta para "Como posso arranjar mais tempo?" ou "Que outras coisas poderia estar fazendo?". Seu Sistema de Ativação Particular fará o resto. Esse sistema filtra suas percepções e o ajuda a focar-se naquilo em que está concentrado (é por isso que, quando compra um carro novo, você só vê carros da mesma marca e uma grávida só vê outras grávidas na rua).

> **DICA:**
> Invente dinheiro todos os dias. Se o fizer durante trinta dias seguidos, terá criado um novo ritual e passará a fazê-lo naturalmente, caminhando para a criação de riqueza.

Concentre-se nas suas forças, conhecimentos e capacidades para descobrir outras áreas de criação de rendimento. A dura realidade das diferentes fontes de rendimento é que você tem realmente de pensar fora da caixa e de forma criativa. Terá de quebrar o ciclo da "corrida dos ratos"[8], habitual não só na nossa vida profissional, mas também em tantas outras áreas, e concentrar-se em inventar dinheiro.

Eu consigo encontrar formas de alavancar meus rendimentos todos os dias. A sabedoria está em perceber que ideias você deve perseguir e como dar melhor uso ao tempo e aos recursos. Assim poderá cumprir o objetivo de aumentar em 30% seus rendimentos. No capítulo seguinte vamos falar de como operacionalizar as várias ideias de rendimento que você cria.

---

[8] O conceito de "corrida dos ratos", aplicado às finanças, é uma analogia às pessoas que vivem de ordenado em ordenado, trabalhando sempre para pagar as contas, tal como um rato que corre numa roda sem sair do mesmo lugar.

# MAPAS MENTAIS

Os mapas mentais são uma forma de representação do conhecimento, que procura espelhar no papel as várias dimensões da informação de maneira estruturada. São elaborados habitualmente numa folha de papel, onde podemos escrever, desenhar ou pintar os dados de que dispomos. O objetivo é ir sistematizando as informações por vários níveis hierárquicos, de forma a representá-las mais ordenadamente nos diversos ramos do mapa. Desse modo, você poderá gerir a informação, organizar ideias, elaborar listas e gerenciar projetos, entre outras aplicações listadas a seguir.

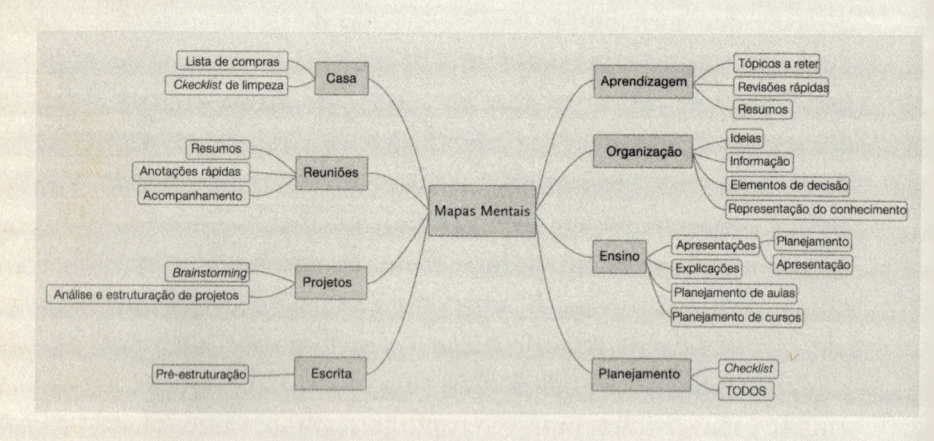

```
                    ┌─ Lista de compras
            Casa ───┤
                    └─ Ckecklist de limpeza

                    ┌─ Resumos
          Reuniões ─┼─ Anotações rápidas
                    └─ Acompanhamento

                    ┌─ Brainstorming
          Projetos ─┤
                    └─ Análise e estruturação de projetos

Mapas Mentais ─┤
                    ┌─ Pré-estruturação
          Escrita ──┘

                              ┌─ Tópicos a reter
              Aprendizagem ───┼─ Revisões rápidas
                              └─ Resumos

                              ┌─ Ideias
                              ├─ Informação
              Organização ────┼─ Elementos de decisão
                              └─ Representação do conhecimento

                              ┌─ Apresentações ── Planejamento
                              ├─ Explicações ──── Apresentação
              Ensino ─────────┼─ Planejamento de aulas
                              └─ Planejamento de cursos

                              ┌─ Checklist
              Planejamento ───┤
                              └─ TODOS
```

Sugiro que você utilize essa ferramenta ao longo do livro, para auxiliá-lo na aquisição da informação e no processo de *brainstorming*. Esse método visual de representação do conhecimento permite que se registrem e distribuam palavras, ideias e conceitos na folha, e há quem defenda a técnica que lhe está subjacente pelo balanceamento e utilização que faz dos lados esquerdo e direito do córtex cerebral.

> Para ter acesso a um *software* gratuito para mapas mentais, vá a http://freemind.sourceforge.net e instale o programa.

## Dicas para negociar seu salário

Se você é trabalhador assalariado e acha que tem potencial e condições de ganhar mais dinheiro, é provável que tenha razão. Terá então de conseguir negociar melhor seu salário. Isso talvez não seja possível se a sua "carreira" estiver estratificada desde o início, como acontece no serviço público, ou se você já atingiu o topo da carreira. No entanto, há sempre outros rendimentos e outras áreas que certamente você irá descobrir quando estiver "inventando dinheiro". Se a negociação salarial não se aplica ao seu caso, pule esta seção.

Tenho vários amigos que todos os anos preparam com calma a negociação salarial. Dá trabalho ir a entrevistas, mas está mais do que provado que aumentos consistentes ao longo da vida, por menores que sejam, lhe darão melhores condições por ocasião da aposentadoria. Não se esqueça de que o aumento dos seus rendimentos e a criação de mais riqueza dependem de você.

A primeira coisa a saber sobre seu salário é que tudo é negociável. Para negociar seu salário, você deverá aprender a lidar com objeções como "pagamos por tabela", "todos os seus colegas com a mesma experiência recebem esse valor", "tivemos resultados menores do que o esperado", "o clima econômico não está favorável", entre muitas outras. A melhor forma de lidar com essas rejeições é planejar previamente sua abordagem, considerar diferentes pontos de vista, saber que está pronto a abdicar e conhecer muito bem suas forças e posição negocial dentro da empresa. Vários fatores podem ajudar a mudar o tabuleiro negocial em ambos os sentidos:

*Fatores pessoais:*

- Você tem mais recursos para ajudar a empresa, como uma grande rede de contatos.
- Tem uma grande possibilidade de evolução futura na empresa, como facilidade de trabalho no exterior ou outra oportunidade que você queira perseguir.
- Sua carreira corre riscos se aceitar um trabalho com poucas perspectivas futuras, e por isso você deve ser mais bem pago.

*Fatores conjunturais:*

- O estado da economia e da indústria onde você se encontra poderá definir sua progressão na carreira.
- Competição com outros candidatos mais ou menos qualificados.
- Muita procura em determinada área relativamente à oferta.

*Fatores da empresa e da área de negócio a que a pessoa se candidata:*

- Posição da empresa no ciclo de crescimento (se é uma *startup*, uma empresa na fase de maturidade etc.).
- Situação financeira e estabilidade da empresa.
- Urgência na contratação de colaboradores.
- Capacidade que a pessoa que o está entrevistando tem para aprovar salários.

Algumas dicas que lhe dou passam por separar a avaliação do tipo de trabalho que você irá realizar das condições financeiras e negociação salarial para a posição. Nunca fale de valores logo de início, nem seja o primeiro a dizer um valor. Se tiver de dizer um valor, comece sempre por cima, visto que é mais fácil baixar depois. Perceba também quais são os limites e o valor justo de seus serviços. Muitas vezes, você terá de ser criativo e negociar outras condições além do pacote básico, pois assim ganhará mais flexibilidade. Se estiver disposto a mudar seu enquadramento fiscal e passar a trabalhar em regime de prestação de serviços, deixando por isso de pertencer ao quadro da empresa (aplicável a trabalhadores existentes na empresa) você correrá riscos, e por essa razão deverá pedir mais compensações (poderá compensar se tiver muitas despesas e optar pelo regime de contabilidade organizada como profissional liberal ou mesmo como empresa).

Há com certeza muito mais técnicas, mas cada um deverá descobrir a melhor estratégia em função da sua situação. Uma coisa é certa: negocie sempre para situações ganha-ganha, senão ambas as partes perderão. A empresa tem responsabilidades para com o trabalhador, e o trabalhador tem responsabilidades para com a empresa.

Mantenha uma atitude positiva e faça o seu marketing pessoal. Deixo-lhe algumas ideias finais, audaciosas, que certamente o ajudarão nas suas negociações:

- Você é que escolhe a empresa onde trabalha.
- Se for bom profissional, você terá poder negocial.
- Você pode tentar ir para o exterior.
- Pode mudar de empresa algumas vezes.
- Se acha que merece mais, então é provável que mereça e negocie para isso.

## Fontes de rendimento escaláveis

Na minha opinião, o melhor autor a sistematizar as macrocategorias de trabalho foi Robert Kiyosaki no livro *Pai rico, pai pobre*. Ele nos conduz por uma viagem sobre as técnicas que seu pai mais rico aplicava e a forma como construiu sua riqueza. Um dos conceitos mais importantes a reter desse livro é a diferença entre as quatro macrocategorias de trabalho, que são transversais a todas as profissões: trabalhador assalariado, trabalhador liberal, investidor e empreendedor.

Habitualmente, as escolas nos preparam para sermos técnicos em determinada área. Depois, procuramos um emprego para aplicar o que aprendemos e continuar numa abordagem especializada do conhecimento. Há também cursos que formam majoritariamente profissionais liberais, como os de psicologia, arquitetura, dança, entre outros, e é essencial que esses profissionais aprendam a lançar-se por conta própria.

O problema da maioria dos trabalhadores assalariados e dos trabalhadores liberais é que recebem um pagamento indexado ao tempo que dedicam à profissão e por isso é mais difícil para eles aumentar seus rendimentos.

As duas grandes fontes de rendimento que permitem promover o desenvolvimento de outros fatores são:

1. Os investimentos.
2. O empreendedorismo.

Para um sucesso de longo prazo, é extremamente importante começar a ter rendimentos de várias categorias. Essas duas categorias são as menos ensinadas academicamente e requerem uma escola da vida, com base na experiência prática. São também as áreas onde poderá haver mais risco, se a pessoa não se preparar previamente.

Este livro fala majoritariamente de empreendedorismo como fonte de rendimento escalável. É verdade que já existem muitos livros sobre investimentos e empreendedorismo. No entanto, espero ajudá-lo a criar mais rendimentos nos negócios, pois essa é sem dúvida uma das áreas em que se pode ganhar mais dinheiro, desde que seja bem trabalhada. Considere a forma como recebe dinheiro, ao longo do tempo, nas várias categorias de rendimento:

> **DICA:**
> Você pode aumentar seus rendimentos por meio do investimento imobiliário. Recomendo que aposte nesse tipo de rendimento quando já tiver um valor líquido de pelo menos R$ 120.000.

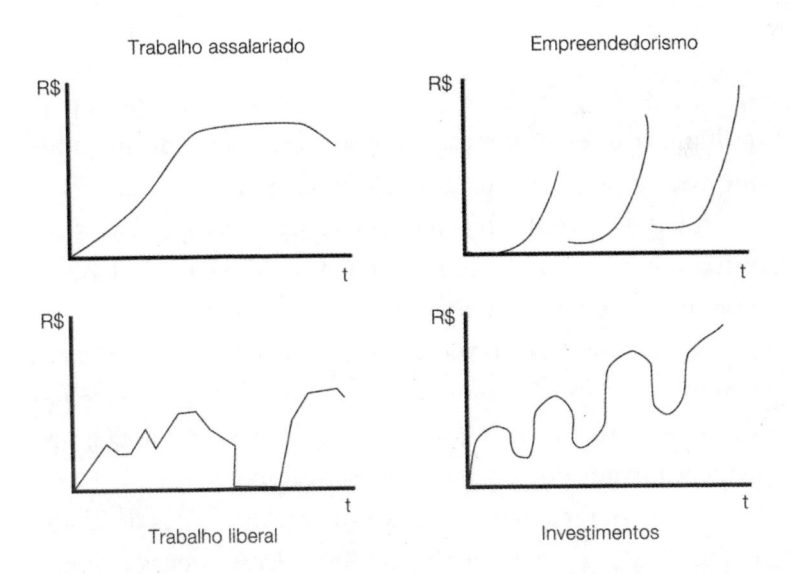

Figura 17 – Curvas de rendimento por categoria

Pela análise dos gráficos, você perceberá que é do lado direito do quadrante que terá maior potencial para aumentar seus rendimentos. No caso dos investimentos, você pode investir R$ 1.000 ou R$ 100.000 em uma hora do seu tempo que o retorno será completamente diferente.

Além do mais, a tributação do lado direito do quadrante é menor: por exemplo, a maioria dos investimentos financeiros costuma ser tributada a 15%, independentemente do montante investido. No empreendedorismo você poderá utilizar o tempo de outras pessoas e maximizar outras competências além das suas, criando sistemas que permitam multiplicar o seu dinheiro. É por isso que este livro pretende que você passe a ação para o lado direito do quadrante.

> **• LEMBRE-SE:**
> O empreendedorismo pode ser uma das fontes de rendimento mais apetecível. Comece a planejar suas ideias estrategicamente e invista nelas em paralelo com suas atividades atuais.

Além do trabalho técnico, são necessárias capacidades em outras áreas, como marketing, vendas e liderança de pessoas, entre muitas outras que iremos explorar em seguida.

Naturalmente, é ao trabalhar em áreas da sua preferência, dedicando-se com apreço a determinada tarefa, que você ganhará dinheiro. Mas por que não se dedicar a essa tarefa numa área com maior potencial de multiplicação?

Crie agora seu primeiro mapa mental de fontes de rendimento. Não avalie nenhuma das ideias. Pense apenas nas possibilidades como se estivesse participando de um exercício de *brainstorming*. Mais à frente, você aprenderá a avaliar os vários rendimentos desse mapa.

```
  _____              _____
  _____    \      /  _____
  _____     \    /   _____
                 ┌──────────┐
                 │ Diferentes│
  _____    │rendimentos│  _____
  _____    └──────────┘  _____
                  /         \
  _____    /           \ _____
  _____   /             _____
```

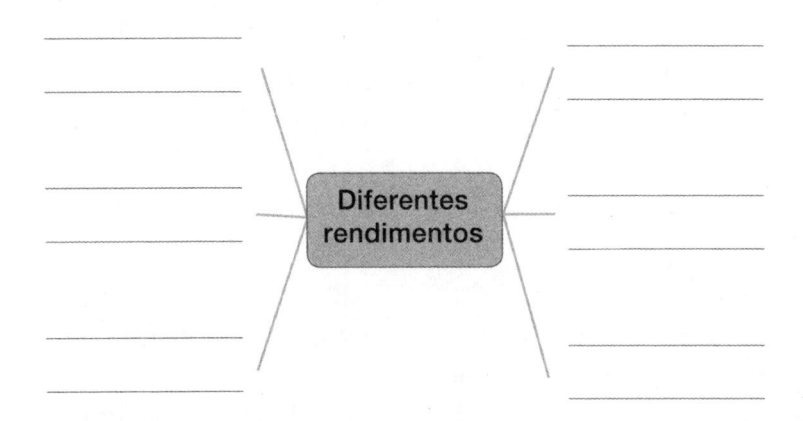

## RENDIMENTOS RESIDUAIS

Os rendimentos passivos ou de portfólio têm a vantagem de serem residuais. Esse conceito nada tem que ver com resíduos ou quantidades marginais pouco significativas. Um rendimento residual é aquele que é pago várias vezes pelo mesmo trabalho realizado, em determinado espaço de tempo.

Se pensar nos rendimentos lineares, como o do trabalho assalariado, você verá que eles só são pagos uma vez pelo trabalho desenvolvido e pelo seu esforço. Esse tipo de rendimento requer esforço e tempo contínuos para que lhe seja atribuída uma remuneração. Os rendimentos residuais, por outro lado, permitem-lhe receber fluxos contínuos de rendimentos. Você terá de trabalhar um período de tempo limitado no início e depois será várias vezes pago por esse trabalho. Não é fantástico esse método?

Os rendimentos residuais normalmente levam mais tempo a ter expressão no seu rendimento mensal, e você deve concentrar-se em criá-los para que apareçam. Para saber se possui rendimentos residuais, responda às seguintes questões:

- Você tem várias fontes de rendimento?
- É pago várias vezes pelo trabalho de uma hora?
- Está recebendo dinheiro mesmo quando não está trabalhando?
- Suas fontes de rendimento vão continuar a fluir depois que você morrer?

Eu gosto muito de saber que ganho dinheiro mesmo enquanto durmo. Ao criar rendimentos residuais suficientes, sei que, a determinada altura, os rendimentos vão fluir naturalmente, sem investimento de tempo, em consequência dos vários anos de trabalho a acumulá-los.

Mesmo que você não seja nenhum George Soros ou Warren Buffett, com rentabilidades médias anuais de 20% provenientes de investimentos, poderá gerar tantos rendimentos quanto eles por meio de *royalties*, produtos *online*, imóveis e outros rendimentos de que falarei.

> **DICA:**
> Inicialmente, desenvolva rendimentos residuais em paralelo com sua atividade profissional. Assim, você estará lhes dando tempo para crescer sem pôr em risco o seu sustento.

Iremos agora estudar vários tipos de investimento residual, para você se inspirar e analisar como desenvolvê-los. Lembre-se de que a consistência é a prática a aplicar nesses e em outros rendimentos que queira criar.

### Investimentos em imóveis

Você conhece empresários que vivam apenas de rendas provenientes de bens imobiliários? Um imóvel é uma das melhores formas de rentabilizar seus rendimentos e uma parte extremamente importante de qualquer plano financeiro de longo prazo.

Para ganhar dinheiro de forma residual com um bem imobiliário, você tem de encontrar boas propriedades, conseguir financiamento para a aquisição e saber como obter retorno do imóvel que adquiriu. Normalmente, quando se investe num imóvel para alugar, o retorno mede-se em décadas, mas uma proporção consistentemente positiva entre os proveitos da renda e os custos com o imóvel poderá compensar.

O Brasil tem um mercado de aluguéis reduzido, visto que a maioria das pessoas prefere ter casa própria. Essa conjuntura, mesmo em épocas de recessão e após o *subprime*, poderá permitir a um investidor experiente encontrar boas oportunidades.

É importante conhecer muito bem a localização dos imóveis e saber como tirar rendimento deles, para aproveitar o bom momento do mercado imobiliário. Nos anos 1990 quase ninguém queria investir em imóveis porque era mais fácil ganhar dinheiro no *overnight*. Isso não acontece hoje em dia, quando a situação financeira é mais forte para se conseguir um financiamento bancário.

As formas mais habituais de ganhar dinheiro no mercado imobiliário são:

- Verificar o que diz o plano diretor de urbanização, para saber se é possível converter o tipo de propriedade e o uso do imóvel, como passar de utilização habitacional para comercial, podendo conseguir rendas mensais mais interessantes.
- Comprar um imóvel com boa localização que esteja precisando de reforma, fazer obras e vendê-lo.

○→ Comprar um imóvel e alugá-lo, sendo que as propriedades de uso comercial ou lojas poderão ter margens mais elevadas.

A procura de vendedores que precisam de liquidez ou propriedades que são penhoradas na Justiça é a técnica que os investidores imobiliários mais expeditos dominam. Pondere se você tem um valor líquido e uma alocação de ativos diversificada para se expor a esse mercado. Idealmente, não se deve aplicar mais do que 20% de todos os ativos em imóveis. Faça as contas e veja se vale a pena.

## Investimentos mobiliários

Além dos investimentos em imóveis, os investimentos mobiliários também ilustram muito bem o conceito de receita regular. Por meio do pagamento de juros ou de dividendos de ações, você poderá receber dinheiro recorrentemente. No início da acumulação de capital, se tiver pouco dinheiro, o retorno da aplicação do seu capital poderá ser pouco significativo, mas, à medida que vai tendo mais dinheiro, os juros compostos rapidamente começam a fazer efeito, aumentando de forma geométrica seu capital. Observe o seguinte exemplo, resultante do reinvestimento sucessivo dos juros recebidos dos investimentos.

A taxa de 12% utilizada no quadro seguinte pode lhe parecer alta, mas não é relevante para o exercício, pois estão todos na mesma condição, e ilustra o poder dos juros compostos. Eu a escolhi por ser a taxa anual de quem investe no mercado acionário com uma carteira diversificada de ações há mais de vinte anos. Quanto mais tempo os juros se capitalizarem, por você reinvestir sempre o retorno, mais seu dinheiro se multiplicará.

Como Albert Einstein dizia, "os juros compostos são a oitava maravilha do mundo". Pequenos rendimentos residuais agora poderão significar muito dinheiro no futuro. Habitue-se a olhar para a semente e ver a árvore já crescida.

### Direitos autorais

O que inventores, músicos e autores têm em comum? Todos eles recebem dinheiro de forma recorrente pela exploração dos seus direitos autorais. Ao registrar suas obras e permitir a exploração dos seus direitos a outros, eles recebem *royalties*.

As formas de ganhar dinheiro com os direitos de autor são variadas e vão dos livros aos filmes, passando pela música. Normalmente, o autor de um livro recebe 10% sobre o preço de capa, sendo o canal de distribuição o mais beneficiado, chegando a receber até 50% do preço de capa. Se conseguir controlar a produção e o canal de distribuição, você verá subir sua margem por obra. É por essas razões que o marketing direto *online*, explorado mais adiante, é uma fonte de rendimento a considerar. Se seu livro depois for adaptado para o cinema ou traduzido para outras línguas, você encontrará formas adicionais de explorar o mesmo produto sem ter de investir muito tempo.

Outras formas de ganhar dinheiro com os direitos autorais são a criação de patentes e o licenciamento da obra a empresas da especialidade. Há muitos empreendedores que, pela sua alta especialização numa área, tentam patentear produtos ou serviços e vendê-los a empresas. Muitas vezes, esse trabalho é feito por profissionais dentro das empresas, mas há vários casos de profissionais independentes. O risco de

## A importância do tempo e dos juros compostos
Taxa de juro: 12%

| | Ricardo | | | Joana | | | Ana | |
|---|---|---|---|---|---|---|---|---|
| 15 | R$ 1.000 | R$ 1.120 | 15 | – | – | 15 | – | – |
| 16 | R$ 1.000 | R$ 2.374 | 16 | – | – | 16 | – | – |
| 17 | R$ 1.000 | R$ 3.779 | 17 | – | – | 17 | – | – |
| 18 | R$ 1.000 | R$ 5.353 | 18 | – | – | 18 | – | – |
| 19 | – | R$ 7.115 | 19 | R$ 1.000 | R$ 1.120 | 19 | – | – |
| 20 | – | R$ 7.969 | 20 | R$ 1.000 | R$ 2.374 | 20 | – | – |
| 21 | – | R$ 8.925 | 21 | R$ 1.000 | R$ 3.779 | 21 | – | – |
| 22 | – | R$ 9.996 | 22 | R$ 1.000 | R$ 5.353 | 22 | – | – |
| 23 | – | R$ 11.196 | 23 | R$ 1.000 | R$ 7.115 | 23 | – | – |
| 24 | – | R$ 12.539 | 24 | R$ 1.000 | R$ 9.089 | 24 | – | – |
| 25 | – | R$ 14.044 | 25 | R$ 1.000 | R$ 11.300 | 25 | – | – |
| 26 | – | R$ 15.729 | 26 | R$ 1.000 | R$ 13.776 | 26 | – | – |
| 27 | – | R$ 17.617 | 27 | – | R$ 15.429 | 27 | R$ 1.000 | R$ 1.120 |
| 28 | – | R$ 19.731 | 28 | – | R$ 17.280 | 28 | R$ 1.000 | R$ 2.374 |
| 29 | – | R$ 22.099 | 29 | – | R$ 19.354 | 29 | R$ 1.000 | R$ 3.779 |
| 30 | – | R$ 24.751 | 30 | – | R$ 21.676 | 30 | R$ 1.000 | R$ 5.353 |
| 31 | – | R$ 27.721 | 31 | – | R$ 24.277 | 31 | R$ 1.000 | R$ 7.115 |
| 32 | – | R$ 31.047 | 32 | – | R$ 27.191 | 32 | R$ 1.000 | R$ 9.089 |
| 33 | – | R$ 34.773 | 33 | – | R$ 30.454 | 33 | R$ 1.000 | R$ 11.300 |
| 34 | – | R$ 38.945 | 34 | – | R$ 34.108 | 34 | R$ 1.000 | R$ 13.776 |
| 35 | – | R$ 43.619 | 35 | – | R$ 38.201 | 35 | R$ 1.000 | R$ 16.549 |
| 36 | – | R$ 48.853 | 36 | – | R$ 42.785 | 36 | R$ 1.000 | R$ 19.655 |
| 37 | – | R$ 54.716 | 37 | – | R$ 47.919 | 37 | R$ 1.000 | R$ 23.133 |
| 38 | – | R$ 61.281 | 38 | – | R$ 53.760 | 38 | R$ 1.000 | R$ 27.029 |
| 39 | – | R$ 68.635 | 39 | – | R$ 60.110 | 39 | R$ 1.000 | R$ 31.393 |
| 40 | – | R$ 76.871 | 40 | – | R$ 67.323 | 40 | R$ 1.000 | R$ 36.280 |
| 45 | – | R$ 135.374 | 45 | – | R$ 118.646 | 45 | R$ 1.000 | R$ 71.052 |
| 50 | – | R$ 238.751 | 50 | – | R$ 209.096 | 50 | R$ 1.000 | R$ 132.334 |
| 55 | – | R$ 420.761 | 55 | – | R$ 368.498 | 55 | R$ 1.000 | R$ 240.333 |
| 60 | – | R$ 741.524 | 60 | – | R$ 649.419 | 60 | R$ 1.000 | R$ 430.663 |
| 65 | – | R$ 1.306.819 | 65 | – | R$ 1.144.498 | 65 | R$ 1.000 | R$ 766.091 |

Total investido: R$ 5.000
Retorno: R$ 1.306.819

Total investido: R$ 8.000
Retorno: R$ 1.144.498

Total investido: R$ 39.000
Retorno: R$ 766.091

Ricardo investiu R$ 34.000 menos que Ana e tem R$ 540.728 a mais!

**Figura 18 – Juros compostos**

insucesso é elevado, assim como o retorno. Para minimizar os riscos, procure concursos de ideias e veja se compensa participar de algum.

Há também imensas obras que não são rentáveis para o autor, mas isso dependerá do modelo de

> **DICA:**
> No Brasil, o Instituto Nacional da Propriedade Industrial (INPI) – www.inpi.gov.br– é o local para o registro de marcas e patentes. É fácil proteger sua marca a partir do site do INPI.

negócio que ele escolheu para o seu trabalho. Por vezes, é importante ter produtos que não lhe dão muito dinheiro, mas que servem de cartão de visita para outros produtos ou serviços de maior valor agregado. Mesmo assim, recomendo-lhe que estude modelos de livros, músicas e patentes que deram muito dinheiro aos seus autores, para ponderar se terá capacidade para reproduzi-los. Se por alguma razão seu modelo não funcionar bem, a única coisa que você perderá é tempo, e garanto-lhe que a experiência valerá a pena. Certamente você conhece o velho ditado: "Todo homem deve ter um filho, plantar uma árvore e escrever um livro para se sentir realizado". Falta-lhe alguma dessas coisas?

## Produtos e serviços recorrentes

O que é que os criadores de *softwares* subscritos na internet e os corretores de seguros partilham? Ambos têm modelos de rendimentos residuais dos seus negócios. Quando cria um *software* e o disponibiliza na internet em modelo de *software as a service* (*software* como serviço), você está alugando a utilização do *software* aos seus clientes. Inúmeras empresas fazem isso, como o Salesforce.com (ferramenta de automação de força de vendas), o ZoHo (ferramentas colaborativas empresariais), o iContact (ferramenta para marketing por e-mail), entre muitas outras.

Por outro lado, os corretores de seguros recebem comissões cada vez que o cliente renova ou reforça sua apólice. Esses profissionais são conhecidos por se aposentarem cedo e por receberem rendimentos residuais continuamente ao longo da vida. Certamente há trabalho envolvido na angariação de clientes, mas todos aqueles que um corretor de seguros angariou e que continuam a pagar por sua apólice são clientes que estão lhe dando dinheiro.

Os programas de associados e a publicidade na internet, através de Google AdSense, AdBrite e Yahoo Search Marketing, entre outros programas de publicidade *online*, permitem também receber dinheiro por meio dos cliques em publicidade no seu *site*. Sempre que alguém clicar, você estará ganhando. Ao criar um *site* sobre um determinado tema com publicidade dirigida, você estará rentabilizando de forma recorrente o espaço que alugou. Naturalmente, é preciso ter bastante volume no seu *site*, conhecer bem o valor do *pay per click* (PPC) e o custo de conversão de cada cliente. Um dos exemplos mais bem-sucedidos de publicidade *online* foi Alex Tew com a criação da Million Dollar Homepage, onde criou um *site* para publicidade e vendeu a 1 dólar cada *pixel* da tela. Em seis meses tinha vendido um milhão de *pixels*, tornando-se milionário. Esse é um exemplo

> **➤ DICA:**
> O marketing direto e a publicidade *online* são algumas das categorias de rendimento que, na minha opinião, mais riscos podem ter. No entanto, se você dominar as técnicas para ganhar dinheiro na internet, o potencial de criação de rendimentos é fantástico.

do potencial e do fenômeno que a internet representa para quem tem boas ideias.

Pondere que rendimentos residuais você poderia estar desenvolvendo e, se precisar, aplique as técnicas de pensamento lateral e de *brainstorming* que o dr. Edward de Bono apresenta no livro *Os seis chapéus pensantes*.

## Rendimento recorrente mensal

Os operadores de telecomunicações e empresas que vendem produtos por subscrição têm uma métrica chamada rendimento recorrente mensal (*monthly recurring revenue*, em inglês). Os rendimentos recorrentes caracterizam-se por serem mais previsíveis e mais estáveis e têm fortes probabilidades de continuar a serem pagos no futuro, tornando-se um rendimento residual.

Os modelos de negócio assentados em rendimentos recorrentes são muito bons em tempos de recessão financeira, uma vez que as pessoas têm menos dinheiro. Habitualmente, elas cortam primeiro os novos gastos, em vez de eliminar os existentes, reforçando ainda mais esse modelo. O problema de vender de uma só vez é que após a compra essa fonte de rendimento seca. Em épocas de recessão, menos clientes significarão menos vendas, a não ser que já estejam comprometidos.

Os mestres na obtenção de rendimentos recorrentes mensais são as revistas que pedem assinaturas dos seus produtos. Esses vendedores utilizam o princípio da influência, pedindo um comprometimento muito pequeno ao início, pois sabem que, ao pedir um baixo custo de entrada ao cliente, ele concordará mais facilmente com a venda. Além disso, quando o pagamento é feito por débito direto da sua conta-corrente, você não tem de se preocupar, e é exatamente isso que tira seu dinheiro de forma recorrente, porque muitas

# SEIS CHAPÉUS PENSANTES

O dr. Edward de Bono dedicou-se ao estudo do pensamento e da forma como o formulamos. Identificou que a maior dificuldade no pensamento individual e coletivo é a confusão que ocorre ao tentarmos pensar em várias coisas ao mesmo tempo. Por isso, criou um método de otimização do pensamento, que dá a conhecer no livro de mesmo nome, em que defende que devemos pensar numa coisa de cada vez e separar as várias componentes do pensamento (separar as emoções da lógica, a criatividade da informação etc.).

As bases desse método são:

- Há seis chapéus diferentes que você coloca e retira em função do pensamento.
- Cada chapéu funciona como um ícone do tipo de pensamento que deverá ter.
- Em grupo, todas as pessoas usam o mesmo chapéu ao mesmo tempo, existindo um facilitador que orienta o pensamento e o sistematiza.
- Quando você muda o chapéu, o tipo de pensamento também muda.

Em resumo, esses seis chapéus caracterizam-se da seguinte forma:

Pela aplicação desse método, chegou-se à conclusão de que se podia otimizar muito o tempo passado em reuniões de grupo, alinhando todas as pessoas no mesmo tipo de registro. Talvez ainda mais importante seja o foco que se ganha pelo fato de várias pessoas estarem conscientes da mesma coisa, alavancando experiência e conhecimento dos vários membros de um grupo. Em grupo, assiste-se a outra característica interessante, que é a remoção do ego, tão destrutivo em várias conversas, e deixa de existir uma tentativa de sobreposição de visões diferentes, sendo que o pensamento é dirigido apenas para uma coisa de cada vez, de forma alinhada.

Tenho utilizado esse método em muitos momentos da minha vida pessoal e profissional, com bastante sucesso, e recomendo-o como uma ferramenta de análise e sistematização do pensamento. Na análise de negócios, essa ferramenta poderá servir como complemento à análise SWOT (descrita em outra seção), pois reúne outros vetores estratégicos que esta não possui.

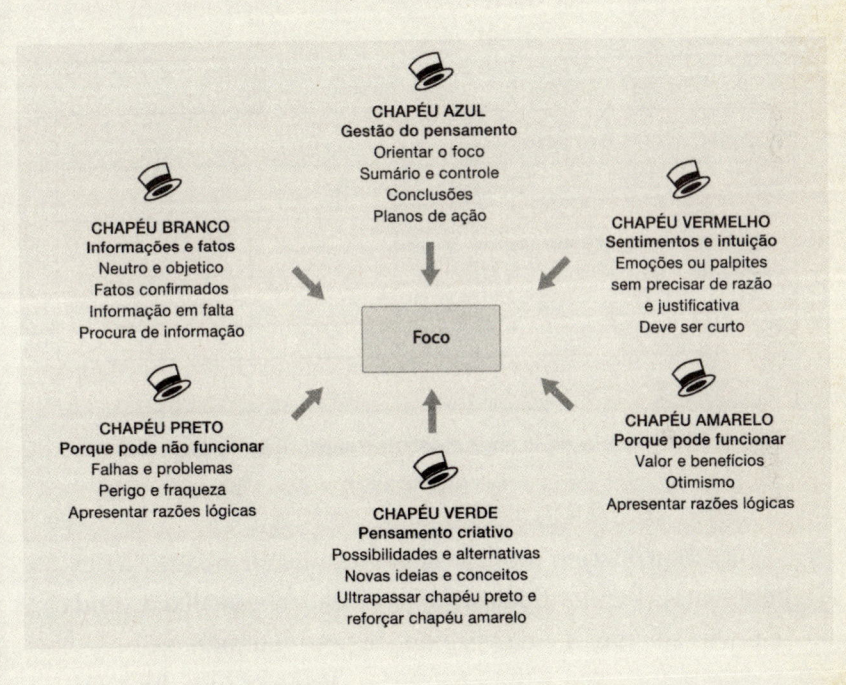

**CHAPÉU AZUL**
Gestão do pensamento
Orientar o foco
Sumário e controle
Conclusões
Planos de ação

**CHAPÉU BRANCO**
Informações e fatos
Neutro e objetivo
Fatos confirmados
Informação em falta
Procura de informação

**CHAPÉU VERMELHO**
Sentimentos e intuição
Emoções ou palpites
sem precisar de razão
e justificativa
Deve ser curto

**CHAPÉU PRETO**
Porque pode não funcionar
Falhas e problemas
Perigo e fraqueza
Apresentar razões lógicas

**CHAPÉU AMARELO**
Porque pode funcionar
Valor e benefícios
Otimismo
Apresentar razões lógicas

**CHAPÉU VERDE**
Pensamento criativo
Possibilidades e alternativas
Novas ideias e conceitos
Ultrapassar chapéu preto e
reforçar chapéu amarelo

Foco

vezes as pessoas se esquecem daquele gasto mensal pouco significativo. Espero que da próxima vez que lhe sugerirem pagamento em prestações ou por débito direto você pondere muito bem sua verdadeira necessidade.

Vamos então avaliar a diferença entre os modelos de negócio para produtos licenciados uma vez e para os que têm uma subscrição recorrente:

|  | SUBSCRIÇÃO | PAGO UMA VEZ |
|---|---|---|
| VISIBILIDADE DOS RENDIMENTOS | Alta | Baixa |
| VELOCIDADE DOS RECEBIMENTOS | Baixa | Alta |
| FACILIDADE DE VENDA DE NOVOS ADICIONAIS | Alta | Baixa |
| RETENÇÃO DE CLIENTES | Alta | Baixa |
| CRIAÇÃO DE CAPITAL | Baixa | Alta |

Figura 19 – Modelo de licenciamento de subscrição vs. pago de uma vez (licenciado)

A subscrição é o modelo de *pricing* que cresce mais lentamente, mas permite fidelizar mais os clientes, facilita a venda de novos adicionais e dá visibilidade aos rendimentos.

> **DICA:**
> Aumente seu rendimento recorrente mensal consistentemente e garanto-lhe que você irá começar a receber muito mais dinheiro com menos esforço.

Pense por uns momentos na percentagem dos seus rendimentos que gostaria que fossem recorrentes e comece a trabalhar para ela. Tal como numa empresa, o impacto da transição de modelos perpétuos para modelos de subscrição pode ser muito significativo, e a mesma coisa se passa na mudança dos rendimentos lineares para rendimentos residuais. Esse processo é suavizado por meio de um cuidadoso planejamento e pela diversificação de rendimentos, já mencionada.

## MÉTODOS ACELERADOS

Se o caminho gradual para a criação de riqueza não for aquele com que você mais se identifica, há sempre outras hipóteses, sendo talvez a mais óbvia casar-se com alguém que seja rico. Na prática, todos os métodos acelerados para gerar rendimentos passam pela criação de mecanismos de alavancagem. Desse modo, a alavancagem faz com que a criação de riqueza seja mais rápida. O princípio da alavancagem foi descrito pela primeira vez por Arquimedes, na Grécia Antiga, que afirmou: "Dê-me um ponto de apoio e uma alavanca e moverei a Terra".

Nesse caso, o sustentáculo é você e todas as suas capacidades. Quanto maior for a alavanca, menos força você terá de fazer e mais fácil será levantar o objeto ou, neste caso, o objetivo que pretende atingir. Por isso é necessário desenvolver algumas alavancas fortes e compridas, para conseguir levantar "o mundo".

Os vários tipos de alavancagem podem ser sistematizados da seguinte forma:

### *Alavancar dinheiro*

A alavancagem financeira pode definir-se pela utilização de recursos financeiros, de forma a multiplicar o potencial positivo ou negativo de retorno.

O tipo de alavancagem mais utilizado por todas as pessoas é o empréstimo para a compra de uma casa. Quando só tem de dar 10% ou 20% de entrada e detém o investimento total, você está se alavancando financeiramente.

Existem também alguns produtos financeiros derivados que estão sujeitos a alavancagem, em que o capital emprestado é totalmente reinvestido para se tentar obter um retorno maior do que os juros cobrados pelo empréstimo. Naturalmente, esse tipo de alavancagem pede garantias da entidade financeira e são investimentos mais arriscados do que outros ativos não alavancados.

O objetivo da alavancagem financeira é contrair boas dívidas para investir quer no mercado imobiliário quer no seu negócio, por exemplo, sob a forma de capital de risco. Esse tipo de alavancagem acarreta mais riscos, e por isso aconselho-o a ter muito cuidado em todos os investimentos alavancados que fizer: esteja seguro de si mesmo e de seu ponto de apoio antes de alavancar dinheiro.

### Alavancar tempo

A vida é uma só, e todos temos uma expectativa de vida finita. É, pois, de extrema importância maximizar os possíveis retornos no mais curto espaço de tempo. Alavancar tempo ou trabalho de outras pessoas é um dos veículos possíveis. Sabemos que vários de nós procuram a segurança de um trabalho assalariado, que, por ter menos riscos associados do que um trabalho autônomo, normalmente tem menor remuneração. Se conseguir criar um sistema para delegar trabalho a outras pessoas, utilizando o tempo e as competências de outros, você ficará livre para outras atividades de maior valor agregado.

Comprar tempo, contatos ou conhecimento em determinada área é uma forma de alavancar tempo de outras pessoas. Se prefere não pagar a uma empregada doméstica para passar sua roupa, você não está alavancando o tempo de outros convenientemente. Claro que há um custo financeiro associado, mas por vezes você tem de ter mais tempo disponível para conseguir aumentar seu valor por hora, e comprar o tempo de outros é uma excelente forma de fazer isso.

## Alavancar experiência

Quando está aprendendo por observação e se associa a outras pessoas que já passaram por esse desafio, você está alavancando a experiência de outros. Essa é uma alternativa muito utilizada, na medida em que a aprendizagem de determinada tarefa pode consumir muito do seu tempo. Vivemos numa sociedade do conhecimento, na qual o acesso aos recursos está a um clique de distância, mas o tempo gasto para aprender não foi assim tão otimizado.

> **• LEMBRE-SE:**
> Você não conseguirá ter muito dinheiro rapidamente se não investir muito dinheiro, e para investir muito dinheiro antes é preciso ganhá-lo.

Aconselhar-se com um mentor é uma das melhores formas de alavancar experiência. Antigamente, as técnicas profissionais não eram aprendidas em livros, mas passadas de mestre para aprendiz. Torne-se aprendiz de alguém bem-sucedido na área que lhe interessa.

Outra forma de alavancar experiência é por meio da aplicação prática de ideias de outros. Não é a ideia de movimentar a montanha que a coloca

> **• LEMBRE-SE:**
> As pessoas mais bem--sucedidas financeiramente são experientes nesses três tipos de alavancagem e os utilizam naturalmente na sua vida e em seus negócios. Pense em que áreas de sua vida poderia estar alavancando!

realmente em movimento. Há muitas pessoas que dão ideias desde que tenham alguém que as apoie na sua concretização. Quando iniciei o trabalho de divulgação e ensino de finanças pessoais em Portugal, esse tema já era estudado há décadas nos Estados Unidos.

Aprender com professores que têm dezenas de anos de experiência e adaptar os conceitos e práticas à realidade portuguesa e à brasileira foi o método que segui até escrever o primeiro livro de finanças pessoais para portugueses e brasileiros.

## Exemplos de métodos acelerados

Proponho-me agora a explorar algumas metodologias para aumentar seus rendimentos rapidamente, de forma íntegra. Se quiser acumular riqueza com rapidez, você terá de aumentar radicalmente seus rendimentos. Vamos aos cálculos.

Supondo-se que você ganhe R$ 35.000 anuais e consiga poupar 20% de tudo o que ganha, encontrando-se já um pouco acima da média nacional, você estaria poupando R$ 7.000 por ano. Se investisse isso consistentemente a uma taxa de 10% ao ano, você precisaria de 29 anos para atingir seu primeiro milhão de reais. Por outro lado, ao ganhar e poupar esses mesmos valores, se quisesse obter seu primeiro milhão dentro de dez anos, você teria de conseguir uma taxa anual de retorno dos seus investimentos de 55%, mas não há nenhum investimento que lhe dê esse retorno consistentemente durante tantos anos. Resumindo, você não conseguirá ter muito dinheiro com rapidez se não investir muito dinheiro, e, para investir muito dinheiro, antes é preciso ganhá-lo. Ressalvo outra vez que me identifico mais com as práticas graduais de criação de riqueza mencionadas na seção de diversificação de rendimentos.

*Por filiação ou casamento com alguém rico*

Estas formas de ter rápido acesso a capital, por mais simples que pareçam, têm a desvantagem de não funcionar para a maioria das pessoas. Oitenta por cento dos milionários não chegaram a essa condição devido a heranças, de modo que este método é um "cisne negro" (de que falaremos mais à frente). Mesmo que o dinheiro seja obtido desta forma, raramente dura, pois a pessoa não tem as bases financeiras necessárias para geri-lo e investi-lo.

Por outro lado, vemos exemplos de vários milionários que conseguiram assim sua riqueza. Mesmo que não tenham contribuído para a construção da riqueza inicial, estão alavancando dinheiro existente e têm todo o mérito por fazer crescer e multiplicar esse capital.

No que diz respeito à filiação, julgo que não haverá muito a fazer, pois não se pode escolher a família. Quanto a casar-se com alguém rico, a única dica que me ocorre é que comece a frequentar mais as festas da alta sociedade e a estudar em certas escolas de elite, aumentando sua rede de contatos. Seu charme terá de fazer o resto.

*Desenvolver competências financeiramente valiosas*

Existem áreas de trabalho que só pela sua importância estratégica têm um reconhecimento financeiro mais valioso. Se conseguir se colocar numa posição que afete os resultados da sua empresa, normalmente nas áreas de vendas, marketing ou financeira, você poderá conseguir mais facilmente incentivos, comissões ou grandes aumentos de salário, consoante seus resultados. Essas áreas lidam com dinheiro regularmente, e, ao trazer mais ganhos para a empresa, você certamente ganhará mais. Nas áreas de vendas, quando você tem de trazer seu salário e o de outros para dentro da empresa, ou de marketing, em que tem de arranjar mais contatos, divulgar os produtos e serviços e trazer mais *leads*, você está precisamente aumentando o reconhecimento financeiro da empresa e, ao se posicionar corretamente, poderá ter mais incentivos.

As áreas de maior risco são também as que normalmente têm maiores compensações financeiras. Profissões que estão ainda pouco desenvolvidas, novas tecnologias com as quais poucas pessoas sabem trabalhar ou competências altamente especializadas numa área da moda são formas de alavancar sua experiência pessoal. Fique atento a áreas voláteis e a competências que podem ser financeiramente mais valiosas.

> **! LEMBRE-SE:**
> Aproxime-se do dinheiro, e mais dinheiro entrará na sua vida.

### Serviços e consultoria especializados

Na sociedade em que vivemos, um especialista pode valer-se muito de suas competências únicas. Conhecemos cada vez melhor os temas mais específicos. É verdade que há muita informação disponível para todos os que tiverem interesse e vontade de aprender. No entanto, informação não é conhecimento, da mesma forma que conhecimento não é sabedoria.

As pessoas que se especializam em determinado nicho, praticando-o horas a fio e tornando-se líderes na sua área, podem pedir muito dinheiro pelos seus serviços, aumentando seu valor por hora.

A área de serviços e consultoria é também uma das que apresentam enorme crescimento, na medida em que se expande consistentemente e tem baixos custos de entrada. Com a proliferação das tecnologias e da internet, você poderá divulgar seus serviços a um grande universo de potenciais clientes a partir do seu quarto. A maravilha da área de serviços é que você não precisa de grandes custos de arranque nem necessita recorrer a especialistas para otimizar seu tempo. Na seção seguinte eu lhe mostrarei como se tornar um perito numa área de serviços.

> **DICA:**
> O setor de serviços é muito importante para as exportações do país. Se vivemos na era do conhecimento, por que você não se especializa numa área de serviços?

*Parcerias estratégicas*

Associe-se a empresas ou pessoas que precisam de empreendedores para implementar suas ideias. Se for a feiras de distribuição, de *franchising* ou comerciais, você encontrará uma multiplicidade de empresas que necessitam de parceiros para implementação e dinamização de seus produtos ou serviços.

Se conseguir controlar determinado produto ou serviço e ter os direitos de exploração exclusivos dessa marca no seu país, você estará alavancando conceitos já testados e prontos para a venda. Se o conceito crescer, é também muito provável que você se torne o representante local da marca ou empresa.

Alerto-o desde já para o *franchising*, pois é um método muito adotado quando alguém pretende lançar-se num negócio por conta própria. Desaconselho-o à maioria das pessoas que não têm conhecimento do negócio que estão adquirindo. O modelo de

> **LEMBRE-SE:**
> Pondere muito bem um *franchising*. Se o negócio é bom, por que o dono não quer manter o controle total?

franquia é normalmente bom em tempos de "vacas gordas", e numa economia em crescimento. Ainda não conseguiram me explicar por que é que o dono de uma empresa cede parte do seu negócio a investimento de terceiros se tem um bom negócio. Se o negócio é bom, por que é que o proprietário não se alavanca financeiramente, pedindo apoio para fazer crescer sua rede? As franquias têm margens baixas para os franqueados e dependem do apoio do *master*, sendo habitualmente um excelente negócio para o dono da franquia, e não tanto para a rede. Avalie muito bem o *franchising* antes de se lançar nesse tipo de parceria estratégica.

## Marketing direto

A venda de produtos, contatos, informação, recursos ou outro material ao consumidor final ou a empresas é um negócio rentável quando bem construído. Na internet, dezenas de negócios estão crescendo por meio do marketing direto. Ao ultrapassar a complexidade habitual de ter de lidar com distribuidores e empresas de varejo, muitas empresas preferem ter seu próprio canal de distribuição, chegando diretamente aos consumidores.

Com a proliferação das redes sociais, os negócios baseados na internet podem chegar rapidamente a milhares de pessoas. Serviços como a compra de passagens de avião ou o envio de flores são exemplos de marketing direto. O leitor poderá também criar seu produto ou serviço e distribuí-lo *online*.

> **> DICA:**
> Se quiser criar facilmente um *site* para marketing direto, a Weebly (http://www.weebly.com) permite-lhe em minutos ter um *site* de comércio eletrônico funcionando, sem precisar ter conhecimentos de informática.

Foi isso que fiz para a dinamização das finanças pessoais em Portugal e no Brasil, reduzindo muito os custos operacionais de marketing tradicional e instalações de rua. Devo desde já alertá-lo para o fato de que a maioria dos negócios baseados somente na internet falha. Você precisa trabalhar arduamente para fazer crescer sua rede e passar uma mensagem consistente.

Há ainda muitas pessoas desconfiadas dos negócios puramente *online*. A internet é um meio muito usado para o acesso a informações ou produtos gratuitos, mas ainda com algumas barreiras relativamente ao pagamento. Se quiser analisar modelos de negócio bem-sucedidos, há autores como Eben Pagan e Frank Kern, que ganharam muito dinheiro no marketing direto ensinando como fazê-lo.

## Negócios comuns

Lembra-se de quando começaram a nascer no Brasil as empresas independentes de serviços automobilísticos, de manutenção residencial e até mesmo lavanderias e lojas de costura massificadas?

Muitas vezes, pode-se fazer muito dinheiro com serviços comuns, de que todos precisam. Há uma contínua necessidade de serviços básicos, como carpintaria, eletricidade e hidráulica, que requerem qualificação específica. Talvez devido à sociedade do conhecimento, essas áreas tenham começado a ser menos procuradas, mas a verdade é que quem conseguir transformar negócios comuns em negócios escaláveis, agregando serviços básicos, poderá enriquecer muito rapidamente.

Estude, por exemplo, o negócio das empresas de manutenção residencial e das lavanderias que funcionam em centros comerciais e que operam sob a mesma marca. Você verá que são verdadeiras máquinas de fazer dinheiro, com manuais de operações bem afinados e muitos clientes satisfeitos.

A mesma coisa se passa com as cadeias de cafés, lojas de conveniência e restaurantes. O negócio dessas empresas está muitas vezes baseado na escolha correta da localização, sendo o domínio do imobiliário e dos espaços comerciais uma competência muito necessária.

## Cisnes negros

Nassim Taleb dedicou um livro ao estudo do conceito de "cisne negro". Trata-se de uma teoria associada a um acontecimento de grande impacto, de difícil previsão e que acontece raramente, fugindo às expectativas normais. Seu livro começa por jocosamente imaginar como teria sido a descoberta do primeiro cisne negro, que, ao ser avistado pela primeira vez, mudou a certeza de milhares de confirmações de que todos os cisnes são brancos. Certamente, você estará se perguntando por que razão falo desse tema. Se eu lhe perguntar o que é que Harry Potter, o 11 de Setembro e o computador pessoal têm em comum, você já vê alguma ligação? Todos eles foram eventos de grande impacto, de difícil previsão e que superaram todas as expectativas, deixando para sempre grandes marcas na história.

Normalmente, depois que acontecem, esses eventos são racionalizados como se tivessem sido esperados e totalmente justificados. Você está trabalhando em algum cisne negro financeiro na sua vida?

Pense agora por um instante na Mega-Sena ou em outro jogo de azar, e no impacto que teria na sua vida ganhar o primeiro prêmio. Este seria um cisne negro, pois certamente mudaria sua vida por completo e a dos que estivessem à sua volta. No entanto, a probabilidade de ganhar o primeiro prêmio com uma aposta é de 0,000002%.

Minha sugestão é simples: veja que cisnes negros você está alimentando no seu dia a dia e concentre-se em apenas um, de forma a aumentar suas probabilidades, mas não se baseie nele para o seu sucesso.

O efeito cisne negro deverá ser considerado como a cereja do bolo, possivelmente obtida num golpe de sorte, e não como o bolo que vai levá-lo à riqueza de forma consistente.

## TORNE-SE UM PERITO

Você sabia que, se ler trinta livros sobre um assunto específico, terá acumulado tanto conhecimento quanto um perito no tema? A especialidade numa área requer prática e é um dos meios acelerados para criação de riqueza. Você poderá facilmente ganhar R$ 400 por hora por se especializar num tema que já conhece.

Malcolm Gladwell afirma que "o sucesso é fruto da capacidade individual de cada um" e que, ao especializar-se intensivamente numa área, você poderá ser bem-sucedido. No livro *Fora de série*, Malcolm Gladwell procurou encontrar um padrão entre as pessoas mais bem-sucedidas nas suas áreas. Curiosamente, todos os líderes de diversas áreas, que pareciam agir naturalmente e com imensa mestria, eram pessoas que tinham mais de 10.000 horas de prática no assunto. Só quando pratica intensivamente

> **DICA:**
> Invista uma hora por dia de forma consistente numa área e gradualmente você se tornará um perito. Numa área com pouca oferta, um perito pode facilmente ganhar R$ 400 por hora.

## PAGUE PRIMEIRO A SI PRÓPRIO

As boas práticas das finanças pessoais têm uma regra que estipula que, antes de qualquer pagamento que façamos a outros, devemos pagar a nós próprios o que nos é devido e que planejamos. Na prática, nas suas finanças pessoais, ao receber seu salário, você deverá retirar logo uma percentagem do dinheiro para uma conta poupança. Assim, estará poupando o que planejou e treinando para gerir o que tem, não correndo o risco de, no final do mês, acabar por se esquecer dos gastos efetuados.

Nos negócios, esse princípio aplica-se da mesma forma. Quando seu negócio se encontra na fase de crescimento, poderá acontecer de você não ter dinheiro para pagar primeiro a si próprio e querer pagar seus colaboradores. Essa é uma ocasião para ponderar muito bem a situação financeira do seu negócio. Você deverá analisar quem é a pessoa mais importante para a sua empresa e se todos os colaboradores estão contribuindo. Se você se prejudicar durante algum tempo, começará a se sentir pior, poderá desanimar-se, e a bola de neve não irá parar até levá-lo à falência.

Quem já teve uma empresa sabe como é ter a corda financeira no pescoço e ter de se debater com a gestão da liquidez (mais sobre este tema no próximo capítulo), mas há também alguns sinais que você deverá analisar. Não ter dinheiro para pagar a si próprio primeiro como líder do negócio é um deles.

uma determinada área é que uma pessoa se torna especialista nela. Mozart, os Beatles ou Mark Twain são, segundo o autor, exemplos de gênios que mais rapidamente atingiram as 10.000 horas de prática necessárias para ser um especialista. De acordo com esse autor, não existe nenhum gênio que não tenha trabalhado pelo menos 10.000 horas na sua atividade até dominá-la.

Se praticar 1.000 horas, você será competente. Com 5.000 horas, terá um domínio maior e mais abrangente, conjugando muitos pontos de vista, mas só com mais de 10.000 horas é que você começará a parecer natural na sua área, diferente do que é banal, e criar valor e inovação, como um dos melhores especialistas.

Você já sabe que é ao investir no seu desenvolvimento pessoal que terá mais dinheiro. Quanto mais cresce como pessoa, mais capacidades você desenvolve e mais especialista se torna. Logo, mais retorno terá.

### Como se tornar um perito?

O primeiro passo é escolher uma especialidade que o fascine. Muitas vezes, recorremos aos *hobbies* como áreas em que podemos nos especializar. Gosto de aplicar o exercício descrito por Tal Ben-Shahar no livro *Aprenda a ser feliz*. Ele resume numa matriz o processo de descoberta de áreas em que podemos trabalhar respondendo a três perguntas:

**1.** O que é que o faz sentir-se realizado?
**2.** O que lhe dá prazer?
**3.** Quais são suas forças, aquilo em que é realmente bom?

Após responder a essas questões e listar as respostas, desenhe três círculos com cada uma das respostas e analise as áreas que se cruzam. No centro, você poderá encontrar uma ou mais especialidades em que poderá trabalhar melhor e com paixão, e que estão alinhadas com suas forças e capacidades.

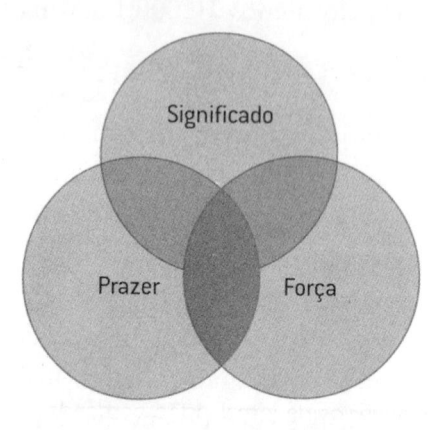

Figura 20 – Significado, prazer e força

O segundo passo para se tornar perito numa área é dominar o assunto em questão. Você poderá procurar um mentor para ajudá-lo no caminho e acelerar o processo, mas, acima de tudo, deverá tentar dominar o assunto recorrendo a livros, conferências, conversas com pessoas da área e todos os meios que estiverem ao seu alcance. A perseverança e as horas de dedicação vão compensar.

O terceiro passo é receber o reconhecimento dos pares e das pessoas que ajuda com sua especialidade. Deverá promover-se e divulgar seus serviços, criando uma rede de contatos, tentando ser convidado para eventos da área, escrevendo ou publicando livros ou artigos sobre o assunto, ou até mesmo criando sua própria *newsletter* ou *blog*. O que é que você está esperando para se tornar um perito?

# REDES SOCIAIS

A rede de contatos é sua primeira porta para chegar mais longe. Negócios são feitos entre pessoas. Quanto maior o número de indivíduos a que tiver acesso, mais probabilidades você terá de um deles ajudá-lo na concretização dos seus objetivos. Com a proliferação da internet, a facilidade de encontrar pessoas e de se comunicar com elas nunca foi maior. Elas utilizam redes sociais como Facebook, LinkedIn, *blogs* e outros meios para se comunicar a velocidades nunca antes pensada.

As redes sociais são um meio fantástico para se dar a conhecer e divulgar seus serviços ou negócio. Estar presente em redes sociais e divulgar seus serviços e produtos por marketing *online* é dos melhores meios para chegar às pessoas. Meios de comunicação tradicionais, como *press releases*, rádio, televisão e anúncios de jornal, estão perdendo mercado todos os dias para os meios *online* e para as redes sociais.

Você deverá dominar a terminologia e a dinâmica das redes sociais. Deixo-lhe algumas dicas:

- Leia primeiro e depois participe da conversa. Tal como na vida, você tem duas orelhas e uma boca, para ouvir duas vezes mais do que fala; nas redes sociais você deve ter cuidado com o que escreve.

- Seja aberto, autêntico e informativo. As pessoas gostam que tenha a sua opinião e procuram consistência e credibilidade.

- Não partilhe informação pessoal ou privada, pois ela vai proliferar muito rapidamente e deixar suas pegadas na internet.

- Não diga nada nas redes sociais que não diria cara a cara a alguém.

- Seja ativo nas redes sociais, não só no compartilhamento dos seus conteúdos, mas também no comentário e apreciação de outros.

Você deverá também procurar compreender para que servem os diferentes tipos de rede social. São tantas as redes que proliferam na internet que você deverá separar o joio do trigo e focar-se nas mais importantes. Um dos conceitos fundamentais que se deve dominar nos negócios da internet é a triangulação de mercado. Nas redes sociais, isso significa ter uma linguagem e um objetivo consistentes entre todas e dominar a utilização de cada uma de acordo com o seu propósito. Ao utilizar as várias redes sociais, você conseguirá se comunicar muito melhor com o mundo, e sua marca estará muito mais disseminada online e nos sites de busca. Vamos agora perceber qual o objetivo de algumas das principais redes:

- **Twitter** – 140 caracteres não dão para muito, mas são perfeitos para acompanhar o que se passa no mundo num instante. O Twitter deve ser visto como um jornal diário, onde se escrevem pequenas notícias para seus seguidores e os informa de acontecimentos importantes. A utilização dessa rede fica facilitada se você utilizar o TweetDeck para ReTweets e envio de mensagens.

- **Facebook** – O Facebook foi uma das redes sociais com maior crescimento em todo o mundo. Desde setembro de 2006, o Facebook já atingiu mais de 400milhões de usuários ativos (e esse número certamente estará desatualizado quando você ler este livro). Veja o Facebook como um jornal semanal, onde você consulta a seção de eventos, o suplemento de lazer, e onde informa seus contatos acerca de temas importantes. A dinâmica do Facebook facilita o início de conversas sobre um determinado tema, a criação de nichos e troca de experiências.

- **LinkedIn** – O LinkedIn é uma rede social orientada a profissionais e negócios. A maioria das empresas de caça-talentos e de recrutamento nos Estados Unidos utiliza o LinkedIn para contratação, tornando essa rede um suplemento de classificados de emprego ideal. Para quem quer construir seu negócio, essa rede deverá ser utilizada para parcerias, procura de candidatos e troca de opiniões em grupos de discussão.

- **Blogs** – Os *blogs* servem para você escrever suas crônicas pessoais. Este meio de comunicação é ótimo para artigos de opinião e para ser seu espaço pessoal de comunicação. Ao integrar seu *blog* ao LinkedIn, Facebook e Twitter, você estará chegando a mais pessoas cada vez que escreve algo.

- **YouTube** – Já pensou em ter um canal de televisão? O YouTube possibilita exatamente isso com os milhões de vídeos que são vistos por dia. Com a proliferação dos meios digitais e de vídeo, é muito fácil ter um canal do YouTube, onde poderá dar movimento e som ao que pretender. A facilidade de integração dos vídeos com outras redes sociais e *sites* torna o YouTube um poderoso aliado para a comunicação visual. Para as gerações mais novas, este *site* de compartilhamento de vídeos está inclusive substituindo a televisão.

- **Delicious** – Imagine um local colaborativo onde pode gravar seus favoritos e partilhá-los com quem entender. O Delicious está integrado com os vários *browsers* e lhe permite organizar seus *links* favoritos e compartilhá-los com seus contatos. É muito útil para aumentar a visibilidade dos seus conteúdos.

Se ainda não tem sua presença *online*, comece já. As redes sociais facilitam realmente a troca de contatos. Torne-se um especialista em aumentar seus contatos *online* e a ligar-se a outras pessoas.

## Você é um generalista ou um especialista?

Um dilema com que muitas pessoas deparam é o conflito generalista-especialista. A verdade é que os especialistas estão cada vez mais especialistas. O mundo está mudando muito rapidamente e requer conhecimento técnico mais especializado todos os dias. Por isso, várias pessoas são confrontadas com a pergunta: como posso continuar a fazer meu trabalho se sou continuamente exposto a novas ideias?

Há uma grande diferença no tipo de pensamento de uma pessoa generalista relativamente ao de uma pessoa especialista. Habitualmente, os generalistas procuram encontrar padrões em tudo o que fazem. São pessoas ávidas por combinar áreas, que conseguem abstrair-se das semelhanças e procuram várias alternativas.

Por vezes, os generalistas começam como especialistas medíocres, assumindo posições de liderança e de gestão pelo domínio de outras competências não técnicas. O pensamento dos especialistas está orientado para a investigação e para o domínio exaustivo de um tema. São bons em pesquisar e têm processos de trabalho habitualmente padronizados. Muitas vezes, podem pedir mais dinheiro pelos seus serviços, pois são realmente detentores de muito conhecimento técnico dentro de uma área. O aspecto negativo é que os especialistas estão, por vezes, habituados a ser orientados e gostam de conhecer os limites do seu trabalho.

> **DICA:**
> Pondere se tem de desenvolver competências mais generalistas para adquirir mais dinheiro. Se já for um perito na sua área, é provável que tenha de fazer isso.

A questão que lhe coloco é: você quer ser um perito generalista ou um perito especialista? Malcolm Gladwell foi mais longe no seu livro *Fora de série*, quando fala de sucesso e dos ingredientes para atingi-lo. Você já viu que o trabalho e as 10.000 horas são necessários. Outra pergunta que você poderá fazer a si próprio é a seguinte: se a riqueza está diretamente relacionada com a inteligência, será que, quanto mais inteligente eu for, mais bem-sucedido serei? Malcolm Gladwell afirma que "o intelecto e o sucesso não estão perfeitamente correlacionados". Há um nível de "bom o suficiente" com o qual você poderá ser muito bem-sucedido, com consistência e perseverança. Quero então lançar-lhe outro desafio:

**Quer tornar-se um perito em criar riqueza?**
☐ Sim    ☐ Não

## Para aplicar!

- Para aumentar de forma consistente seus rendimentos em 30% todos os anos, você deverá procurar diversificar seus rendimentos.

- Procure complementar seus rendimentos ativos com os rendimentos de portfólio ou residuais.

- Deite-se todas as noites pensando em como poderá ganhar mais dinheiro. Isso vai ajudá-lo a focar-se na geração de riqueza.

- Utilize mapas mentais como *brainstorming* para representar as várias ideias que tem sobre a criação de dinheiro.

- Se for trabalhador assalariado, procure negociar seu salário regularmente. As pessoas que o fazem acumulam muito dinheiro ao longo da vida.

- Procure desenvolver suas competências em áreas escaláveis, como os investimentos e o empreendedorismo.

- Pergunte a si próprio se tem várias fontes de rendimentos residuais fluindo na sua vida. Os investimentos mobiliários e imobiliários, os direitos de autor e os produtos e serviços com rendas mensais vão ajudá-lo.

- Analise qual é seu rendimento recorrente mensal e procure aumentá-lo.

- Domine os vários tipos de alavancagem. Alavanque-se com dinheiro, tempo e experiência de outros.

- A criação de riqueza é um processo gradual e consistente que é auxiliado quando você desenvolve competências financeiramente valiosas ao prestar serviços e consultoria especializados, ao desenvolver parcerias estratégicas e ao recorrer ao marketing direto.

- Ao tornar-se um perito numa área, você poderá ganhar R$ 400 por hora pelos seus serviços. Domine à exaustão um assunto que o fascine e dê-se a conhecer ao mundo como um dos líderes nessa área.

# PARTE 4

# CRIE SEU PRÓPRIO NEGÓCIO

*Somos todos empreendedores.*
MUHAMMAD YUNUS

São as pequenas empresas que movem a economia. É nas pequenas empresas que circula o dinheiro e se encontram os especialistas em "se virar", seja por razões inovadoras, seja para sobreviver. A verdade é que o conceito de emprego, como era conhecido na geração dos nossos pais, morreu. O trabalhador de hoje é cada vez mais um agente independente que tem de dominar competências de marketing, vendas, gestão e comunicação, entre tantas outras.

O Estado brasileiro, até agora um dos maiores empregadores, mais cedo ou mais tarde precisará começar a fazer grandes cortes para equilibrar as contas públicas. A volatilidade no mercado de trabalho é enorme e, por mais estranho que pareça à primeira vista, o empreendedorismo talvez seja mais seguro do que o trabalho assalariado.

Nos Estados Unidos, as estatísticas referentes ao emprego mostram que uma pessoa terá entre dez e catorze trabalhos diferentes até 38 anos.

Ainda que seja nas pequenas empresas que se encontre o maior número de casos de insolvência, a criação de um negócio próprio é necessária para aumentar a competitividade do país e a inovação.

Naturalmente, há muitas outras razões para empreender, passando pela independência e oportunidade de gerir a própria agenda. Na criação de uma nova empresa há muita aventura e diversão, e essa é também uma das áreas mais interessantes para se ganhar dinheiro. Uma empresa sua, se for gerida corretamente, tem um potencial quase ilimitado para gerar dinheiro. Se você se dedicar ao empreendedorismo, acredito que possa aumentar em 30% seus rendimentos todos os anos.

> **DICA:**
> Analise que conhecimentos você tem e quais poderia rentabilizar na sua empresa do conhecimento.

São exatamente as bases e as práticas do empreendedorismo que as pequenas empresas devem aplicar que pretendo sistematizar em seguida. O objetivo é evitar alguns erros comuns na criação dos primeiros negócios, mas irei focar-me essencialmente no empreendedorismo da informação e na criação de empresas de conhecimento, pois acredito que os brasileiros podem desenvolver-se com mais facilidade e sucesso nesse tipo de empresa.

## A "CARREIRA" DE EMPREENDEDOR

Há muitos tipos de empreendedor. Esse termo remonta ao ano de 1800, quando foi cunhado pelo economista francês

Jean Say: um empreendedor é aquele que empreende e que assume riscos para iniciar sua empresa, negócio ou ideia, e que os faz acontecer.

Escolher a carreira de empreendedor acarreta um conjunto de desafios e motivações. Habitualmente, um empreendedor tem a possibilidade de ser seu próprio chefe e gerir sua agenda. Pode ter paixão por algo que quer construir e sentir uma necessidade de realização pessoal. Outras pessoas procuram empreender apenas pela aventura e diversão, pois é um trabalho muito dinâmico e cheio de crescimento pessoal. Há os que seguem a "carreira" de empreendedor por necessidades financeiras, para atingir o sucesso financeiro ou até porque suas famílias lhes incutiram esse espírito. O que mais o motivaria para ter um negócio próprio? Lembre-se de que todos os negócios, do menor ao maior, começaram um dia com uma ideia arrojada.

Existem também várias razões para não empreender. Você talvez não esteja disposto a pagar o preço para iniciar um negócio próprio. Empreender irá trazer-lhe muitos momentos de tristeza e muitos momentos de felicidade, mas, acima de tudo, fará com que se sinta mais vivo.

Não costuma haver semanas de 40 horas ou um trabalho calmo para quem está construindo sua empresa. Algumas pessoas não estão motivadas para ganhar muito dinheiro e já estão felizes com o emprego que atualmente têm. Após tudo o que você leu neste livro, acredito que possa ter incertezas, mas certamente quer ganhar mais dinheiro e ser mais feliz.

Talvez você não se veja como um empreendedor, mas, como o laureado Prêmio Nobel da Paz Muhammad Yunus diz: "Somos todos empreendedores".

Você terá de descobrir seu percurso e ponderar bem o custo de oportunidade de empreender (analisado em seguida).

Nem todas as pessoas foram feitas para ter grandes empresas, mas o seu negócio pode começar como você quiser. Tenha confiança na sua imagem pessoal e seja honesto consigo próprio. Se já chegou até aqui e confiou neste processo, peço-lhe que o faça agora novamente, enquanto navega pelos vários perfis, pensamentos e passos para começar um negócio.

## Perfis de empreendedores

Dezenas de livros foram escritos sobre empreendedores e milionários por todo o mundo. Com esta seção pretendo compilar alguns traços de quem tem vontade de criar riqueza e prosperidade para si e para seus pares.

Você poderá perguntar se o empreendedorismo é uma capacidade inata. Ele não é genético nem nasce com você. Os empreendedores desenvolveram um conjunto de características e técnicas aliadas ao seu perfil e suas forças, mas são motivados sobretudo por sua vontade e visão. A pergunta que você deverá colocar a si próprio é: que competências tenho de desenvolver e o que preciso saber para aumentar minhas possibilidades de sucesso?

Um dos primeiros artigos publicados sobre esse tema foi o de David McClelland, em 1962, na revista *Harvard Business Review*. O autor dizia que a maioria das pessoas não está disposta a sacrificar sua vida pessoal e seu lazer para realizar algo. Por outro lado, uma minoria, ou o empreendedor, está disposta a grandes sacrifícios pessoais para realizar um grande objetivo, com vista à sua autorrealização. Essa talvez seja a característica transversal mais aplicada aos empreendedores, que não se conformam com o estado atual da vida e querem mudança. Schumpeter descreveu o processo de destruição criativa em que o empreendedor é aquele que procura su-

## MASÉQUES E MASEUS

Os maséques e os maseus são dois tipos de população em contínuo crescimento. Estão espalhados por todo o mundo e atemorizam os que se encontram à sua volta com dúvidas, desculpas e incertezas. É preciso ter cuidado com os maséques e com os maseus, pois a sua maneira de pensar é contagiosa.

Se você ainda não percebeu o que estou dizendo, deixe-me esclarecer. Estou falando dos "mas-é-que" e dos "mas-eu", que todos nós utilizamos na nossa vida para justificar alguma prática ou para nos desculparmos. O empreendedor deverá ter um pensamento que lhe permita aprender a pôr fim a essa prática, assumindo a responsabilidade pelo que faz de forma natural. Todos enfrentamos problemas no nosso dia a dia, e, ao assumir a postura do maséque e do maseu, você estará sucumbindo ao problema, e não à solução. Substitua os maséques e maseus pelos "por-que-não" e pelos "como-posso" e você estará desenvolvendo um pensamento orientado para a resolução de problemas.

perar os produtos e serviços existentes no mercado por meio da criação de outros, não aceitando com tranquilidade o que já existe. Para isso acontecer, o empreendedor terá de assumir riscos e lidar com eles todos os dias durante a construção da sua visão. Essa terceira característica é também essencial aos empreendedores, na medida em que aquele que consegue comunicar melhor sua visão e a define melhor tem mais possibilidades de vê-la implementada.

É habitual que o empreendedor de um pequeno negócio se veja como o "faz-tudo", acabando por assumir diferentes papéis na organização e podendo ter um conflito de perfis. O empreendedor estará assumindo o papel de executivo ao ser motivado pelos números e pelo planejamento de gestão, olhando para o passado e avaliando detalhadamente a operacionalização do negócio. Alguns empreendedores têm o perfil de gestão mais apurado do que outros, encontrando-se mais próximos do perfil do executivo do que do empreendedor. Este é também por vezes empregado, uma vez que executa tarefas definidas pelo executivo. É o empregado que executa as tarefas recorrendo ao seu conhecimento técnico, e o desafio de qualquer empreendedor recente é conseguir separar esse chapéu dos outros, criando, com a equipe certa, uma estrutura que lhe permita focar-se na visão e assumir os riscos comerciais de seu negócio. Por vezes, o perfil do empregado também se mistura com o do empreendedor, especialmente no caso de quem esteve muitos anos na qualidade de trabalhador assalariado.

> **DICA:**
> Separe bem o pensamento do empreendedor do pensamento do executivo e do pensamento do empregado. São competências diferentes, todas elas necessárias, mas que podem gerar conflito entre si.

Esses conflitos internos e diferentes capacidades, todos eles importantes, serão detalhados mais à frente.

## Tipos de empreendimento

O empreendedorismo é uma das palavras que está na moda no Brasil e em todo o mundo. Se analisar os vários tipos de empreendimento, você verá que não existe só uma maneira de fazê-lo. A análise dos vários tipos de empreendedor é muito importante, pois certamente você vai querer focar-se em áreas ou formas de atuar que deem dinheiro. É muito habitual o empreendedor estar preso ao seu modelo de negócio e não conseguir a liberdade temporal para se afastar, o que poderá não ser muito divertido.

Os empreendedores que irei analisar com maior detalhe são os que ganham dinheiro comercializando produtos ou serviços de informação. Esse tipo é definido como empreendedor da informação, na medida em que se trata de uma pessoa que transforma informação em conhecimento, vende dados e desenvolve capacidades importantes, ganhando com a experiência. Escritores como eu, que ganham dinheiro com direitos autorais, criadores de *software* e consultores externos a organizações são alguns exemplos.

O empreendedor cujo perfil está mais próximo daquele do empresário é o que assume riscos financeiros e procura obter rendimentos dos bens que possui, como imóveis, ou por meio de capital de risco ou, ainda, como acionista de outros negócios. Esse tipo de empreendedor está muito ligado aos números e poderá não gostar de vender, mas sim de rentabilizar o que tem. É um modelo de empreendedorismo mais ligado aos investimentos, que não irei analisar com tanto detalhe neste livro, pois requer conhecimentos profundos de vários tipos de investimento e eu precisaria de outro livro para me dedicar a esse tema.

Há outro perfil de empreendedores que atuam dentro das organizações, não tanto como empregados, mas como consultores externos ou alguém que partilha parte dos lucros da empresa, como corretores de seguros ou de imóveis. Para os negócios que pagam comissões ou que distribuem parte dos lucros, e para quem gosta de trabalhar com equipes de outros, não tendo sua própria estrutura, poderá ser uma opção. Habitualmente, esse tipo de empreendedor desenvolve parcerias estratégicas e quer ganhar dinheiro vendendo, por exemplo, suas ideias a empresas que as queiram explorar. É uma forma diferente, mas por vezes muito lucrativa, de gerar rendimentos.

> **DICA:**
> Pense como um empreendedor. Se quiser aprofundar esse tema, leia o livro *Entrepreneurship 101*, de Michael E. Gordon, com prefácio de Donald Trump.

Que tipo de empreendedor você quer ser?

### Pensamento empreendedor

O empreendedor tem de ter no mínimo duas competências básicas para começar seu próprio negócio: precisa saber vender seus produtos e serviços e saber lidar com dinheiro. Esses são dois dos grandes desafios que qualquer empresa atravessa na sua infância. Existem, no entanto, muitas outras características que alicerçam o pensamento do empreendedor e que o direcionam para esse caminho:

- **Lide com problemas difíceis** – Lidar com obstáculos e problemas é o dia a dia do empreendedor.

Obstáculos como falta de recursos financeiros, problemas com recursos humanos e pressão da competição, entre tantos outros, terão de ser ultrapassados um a um. É o gosto de lidar com desafios e resolvê-los pragmaticamente que move o empreendedor.

- **Crie soluções e aperfeiçoe-as** – Encontrar soluções para os problemas, ou remédios para as dores, é uma forma fantástica de melhorar o que não está bem resolvido. Sessões de *brainstorming* podem ajudar a imaginar como é que se resolve determinado problema, e o empreendedor tem de ser um mestre na orquestração de esforços para encontrar soluções.

- **Realize e coordene várias tarefas** – A onipresença não é viável, mas um bom planejamento e capacidade de gestão de tempo bem apurada são necessários a qualquer empreendedor. Os novos desafios são tantos que você deverá desenvolver um pensamento orientado à otimização.

- **Tenha visões arrojadas** – Trabalhar arduamente e não esperar resultados diretos é mais motivador quando se vai atrás de visões arrojadas. O trabalho de empreender numa pequena ideia é muitas vezes semelhante ao de uma grande ideia.

- **Aprenda sempre** – A capacidade de aprender o que não sabe e explorar áreas novas deve fazer parte do pensamento do empreendedor. Naturalmente, você deverá reunir-se com as pessoas certas, que complementam o que você não sabe, mas esteja sempre disposto a aprender mais.

- **Seja íntegro e procure soluções ganha-ganha** – Não conheço negócios que durem muito tempo se não forem geridos com integridade, tendo em vista situações de "ganha-ganha" para fornecedores, parceiros, clientes, financiadores e todos os envolvidos. Negociações competitivas são importantes, mas é ao perceber como todas as partes envolvidas ganham que você será mais bem-sucedido.

- **Seja incansável** – Os empreendedores não são super-homens, mas aprenderam a executar as ações certas no momento certo. Se não tem capacidade para fazer isso sozinho, alavanque recursos de outros, para facilitar a obtenção dos resultados pretendidos.

- **Comunique** – Um empreendedor consegue identificar, selecionar, descrever e comunicar uma oportunidade, sua visão e sua missão. É assim que move as pessoas para a causa, aliando naturalmente estratégia e inovação.

Você já sabe que é a sede de desenvolvimento e o inconformismo com o estado atual das coisas que movem o empreendedor, mas é preciso começar e passar à ação!

## Comece seu próprio negócio

Desenvolver seu próprio negócio não é difícil. No Brasil, há cada vez mais apoios à criação de empresas. No entanto, o que você precisa é de um bom conhecimento do mercado onde vai atuar e de uma estratégia sólida. Os passos que descrevo em seguida serão mais aprofundados posteriormente, pois o objetivo é que você tenha um guia para orientá-lo nos primeiros passos e um plano de negócio.

# M.E.C.E.

Todos os dias temos de resolver problemas. Podemos aprender ou copiar as soluções desde pequenos, encontrá-las por tentativa e erro ou necessitar mais conhecimentos técnicos e experiência. No entanto, a maioria dos problemas complexos e com muitas variáveis são mais facilmente resolvidos se aplicarmos o método de "cortar o elefante em fatias".

Foi certamente na analogia do elefante que a consultoria de gestão McKinsey se baseou para criar o método "mutuamente exclusivo, coletivamente exaustivo" (M.E.C.E.). Este método tem como princípio a divisão de problemas complexos em problemas mais simples.

Se conseguirmos com clareza e de modo completo dividir o problema em grupos menores (coletivamente exaustivos), que não se sobrepõem (mutuamente exclusivos), conseguiremos mais facilmente lidar com a complexidade.

Esse método é muito utilizado no mapeamento de informação e análise de negócios, distribuindo todas as informações por vários grupos, sem as duplicar. Podemos assim, por meio do M.E.C.E., aprimorar aproximações, planejar melhor e estruturar nosso pensamento.

Figura 21 – Divisão por grupos de forma exclusiva e debaixo de cada nó superior

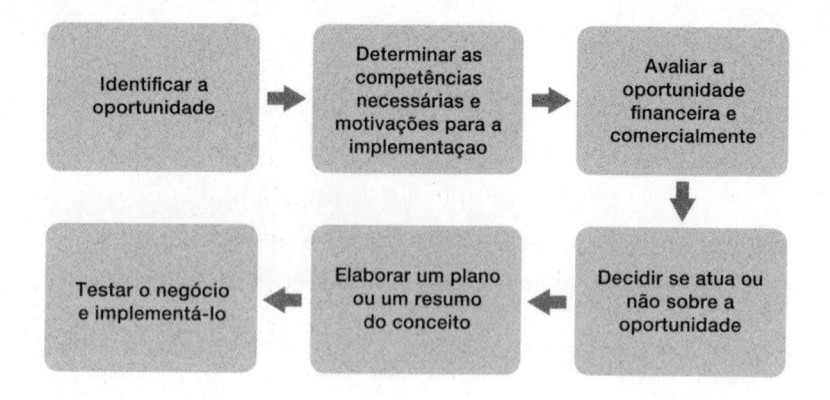

```
┌─────────────┐   ┌──────────────┐   ┌─────────────┐
│ Identificar a│ → │ Determinar as│ → │  Avaliar a  │
│ oportunidade│   │  competências│   │ oportunidade│
│             │   │ necessárias e│   │  financeira e│
│             │   │ motivações para a│ │ comercialmente│
│             │   │ implementação│   │             │
└─────────────┘   └──────────────┘   └─────────────┘
                                            ↓
┌─────────────┐   ┌──────────────┐   ┌─────────────┐
│ Testar o negócio│← │Elaborar um plano│← │Decidir se atua ou│
│ e implementá-lo│   │ ou um resumo │   │ não sobre a │
│             │   │  do conceito │   │ oportunidade│
└─────────────┘   └──────────────┘   └─────────────┘
```

**Figura 22 – Etapas da escolha e implementação do negócio**

Essas etapas podem ser reunidas em três grandes grupos: escolher, planejar e desenvolver. A primeira etapa é uma das mais críticas para o empreendedor, pois é nela que o empreendedor avalia se o negócio é bom e se está alinhado com os seus valores e estilo de vida. Não adiantará querer empreender se você não estiver motivado por sua ideia e pelo trabalho que pretende desenvolver. A segunda etapa do planejamento é quando se começa a reconhecer e a identificar os vários riscos, o potencial de crescimento, e a definir a estratégia empresarial, como o plano de marketing e vendas, o plano operacional e o plano financeiro, entre outros. É nessa fase que você deverá desenvolver o plano de negócio e validá-lo, antes de colocá-lo em prática. A última etapa tem várias componentes.

Você começa por mobilizar os recursos para iniciar o negócio e organiza, gerencia e trabalha para que ele cresça e esteja alinhado com o plano que criou. As recompensas virão pelo caminho.

## Eu Ltda.

Se atualmente você estiver desenvolvendo uma atividade profissional como trabalhador assalariado, poderá se perguntar se a criação de uma empresa e de um plano de negócio se aplicam a seu caso. Se já interiorizou o espírito empreendedor, sabe que sua marca pessoal e a gestão de suas oportunidades de negócio seguem os mesmos princípios.

Você deverá ver seu trabalho atual dentro da empresa como um empreendedor; quem são seus clientes, qual é o seu mercado e como gerir equipes, entre tantas outras coisas que replicam o funcionamento de um negócio. Não se esqueça da máxima de vários empreendedores: "Você é sua própria marca". Nor-

> **DICA:**
> Ande sempre com seu "caderno do dinheiro", onde deverá registrar as oportunidades e ideias para ter mais dinheiro.

malmente, quando alguém se transforma num empreendedor dentro da empresa, começam a aparecer mais resultados, pois a empresa não é feita de empreendedores.

Caso você se encontre desempregado, está no momento ideal para pensar no que fazer. Poderá aplicar as técnicas a seguir à criação do seu plano de entrevistas para encontrar emprego. O que também lhe sugiro é que considere seriamente a criação do seu próprio negócio.

Diz-se que o trabalho assalariado paga sempre o suficiente para estarmos confortáveis e não arriscarmos. Se você não se encontra nessa posição, tem certamente menos um fator a limitar suas possibilidades. Pronto para começar a primeira etapa?

## ENCONTRE OPORTUNIDADES DE NEGÓCIO

Vivemos numa economia de oportunidades, e basta estar receptivo a elas para encontrá-las. O sucesso dependerá de você reconhecer e abraçar as oportunidades que aparecerem. Não duvide de que há um lugar certo e uma hora certa em que você irá reconhecer um bom negócio.

Se estiver aplicando o exercício "Inventar Dinheiro", que recomendei, duvido que tenha problemas em encontrar oportunidades de negócio. Possivelmente você estará se debatendo sobre a oportunidade que deve escolher e qual o custo de oportunidade de persegui-la, mas esse é um tema que só irei explorar na seção seguinte.

Pessoalmente, encontro em média duas oportunidades por dia, mas a diferença está em saber se as implemento ou não. Não é a ideia de mover a montanha que vai movimentá-la. Poderá servir de inspiração para isso, mas você precisa pôr mãos à obra.

Naturalmente, há várias fontes de inspiração para procurar oportunidades de negócio, e é isso que quero explorar em seguida.

### Análise pessoal

A primeira dica que lhe dou para encontrar oportunidades de negócio é estar atento ao mercado. Todos temos áreas de atuação que conhecemos bem, e na nossa profissão certamente identificamos coisas que podiam ser mais benfeitas.

Você deverá desenvolver um estado mental para encontrar os problemas. O que é que não está funcionando bem e poderia estar melhor? Que necessidade não está sendo bem resolvida? Quais as necessidades dos seus clientes? Você identificará muitas oportunidades, se fizer as perguntas certas.

As equipes de vendas são muitas vezes treinadas para encontrar as necessidades dos seus clientes, mesmo que eles próprios por vezes não as reconheçam. Lembre-se de que uma boa oportunidade tem de resolver uma necessidade.

Além de encontrar as necessidades nas suas áreas de atuação, você poderá encontrar oportunidades todos os dias na rua. Já experimentou ir a um restaurante e fazer contas, num guardanapo, sobre a rentabilidade do negócio? Fazer contas é um exercício fácil, que o deixa mais sensível aos diferentes tipos de negócio. As bases para esse exercício serão analisadas na próxima seção, mas passam sempre pela estimativa das receitas, das despesas e da margem do negócio. Vamos fazer essas contas típicas de dono de armazém, por exemplo, no caso de um restaurante dentro de um centro comercial (mais à frente vou lhe apresentar um caso concreto com números).

Você poderá começar por avaliar o valor médio da refeição e estimar o número de clientes em horários de pico e nas horas restantes. Multiplique isso pelo número de dias de exploração e terá uma indicação aproximada das receitas (em alguns casos, já é suficientemente divertido ver o faturamento do negócio). Para contabilizar as despesas, você deverá analisar os custos operacionais e os diretos com cada refeição. Relativamente aos custos operacionais, você deverá olhar para dentro da cozinha, ver o número de empregados que lá trabalham (ou perguntar a um empregado) e estimar seu salário médio. Calcule depois a renda e outros contratos que o negócio tenha, mais a água, a eletricidade e outros custos fixos. Terá assim obtido os custos operacionais, faltando-lhe apenas calcular o custo direto de cada produto vendido.

Para isso, poderá estimar uma média do custo por produto vendido com base no custo da mercadoria e do seu transporte. Faça as contas da exploração anual. Subtraindo as receitas das despesas você encontrará o fluxo de caixa (*cashflow*) anual.

Fiz recentemente as contas de uma churrascaria e fiquei surpreso pelos milhões que ela fatura por ano...

Além de estar atento aos negócios locais, nada como uma viagem ao exterior para se dar conta de outras realidades ou falar com outros empreendedores. A aprendizagem por observação e a análise de modelos de negócio emergentes em outros países podem ser uma excelente fonte de inspiração. Estamos muitos anos atrasados em algumas áreas de desenvolvimento e de serviços comparativamente com os países desenvolvidos, portanto, por que não aprender com quem já fez e aplicar aqui? Vou lhe dar uma oportunidade de graça (ou melhor, pelo preço deste livro) que ainda está muito mal explorada: se consultar a seção de finanças pessoais e investimentos numa livraria de um país anglo-saxônico, você encontrará temas de planejamento e aconselhamento de carreiras, áreas ainda muito pouco desenvolvidas em alguns países.

### Legislação e tendências sociais

Todos os dias são lançadas novas medidas provisórias. Ao estar atento à legislação brasileira, você poderá encontrar muitas oportunidades de negócio. O uso de energias renováveis, as normas de acessibilidade nas construções e nos sistemas de informação, a necessidade de gravação de chamadas nos *call centers*, a impossibilidade de fumar em locais fechados, ou a obrigatoriedade de apanhar as fezes do seu cão na rua são exemplos simples de leis que precisaram de resposta ou de uma adaptação da sociedade. Fique mais receptivo às leis que vão sendo emitidas e reaja rapidamente.

A sociologia e o estudo das tendências sociais são excelentes formas de encontrar oportunidades de negócio mais estratégicas. Sabemos que as grandes consultorias de gestão fazem análises políticas, econômicas, sociais e tecnológicas (análises PEST) com regularidade relativamente a questões estratégicas e de novas tendências, como qual o melhor país para instalar uma empresa de serviços partilhados de tecnologia. Em seguida, darei o exemplo de algumas tendências que estão alterando a sociedade e que você poderá utilizar para procurar seus negócios. Adicionalmente, recomendo a leitura do livro *Microtendências*, de Mark Penn, que analisa dezenas de microtendências (cada uma delas abrange mais de 1 milhão de pessoas) por todo o mundo.

⟶ *Baby boomers* que estão envelhecendo: A geração que nasceu entre 1950e 1964 está envelhecendo, o que pode significar, em breve, a necessidade de cuidados geriátricos ou residências assistidas (e a qualidade da maioria dos lares existentes deixa a desejar), experiências de aventura e turismo para pessoas mais velhas, escolas e cursos para essa faixa etária, entre outras ideias. Trata-se de uma tendência muito significativa, especialmente na Europa e nos Estados Unidos, e certamente irá mudar muito a sociedade e as próximas gerações

| Geração | Nascida em | Idade | % |
|---|---|---|---|
| Baby Boomers | até 1967 | >46 | 27% |
| Geração X | 1968-1983 | 30-45 | 32% |
| Geração Y | 1984-1993 | 20-29 | 23% |
| Geração Z | 1994-2001 | 12-19 | 18% |

FONTE: IBOPE Mídia, Target Group Index BrY11w1+w2 (Ago09-Jul10)

Figura 23 – Gerações e distribuição populacional

- Diversidade cultural nos países: O mundo é plano e muitas cidades desenvolvidas estão repletas de imigrantes, de diferentes culturas e estilos. A diversidade cultural traz muitas oportunidades de negócio. Por exemplo, estão surgindo várias empresas que apoiam a mudança para outro país e fazem a recolocação profissional completa de quem não tem muito tempo para planejar esse processo. Com a diversidade cultural vem a necessidade de integração e de planejar as cidades de forma a englobá-las.

- Crescente influência da internet e das novas tecnologias: Quem não conhece as palavras *wikinomics*, P2P, *mash ups*, *open source*, *tagging* e SEO está ficando desatualizado relativamente às novas tecnologias. A internet está criando dezenas de novos trabalhos antes não tão requisitados ou nem mesmo imaginados como necessários. Oportunidades de otimização de *sites* para ferramentas de busca, produção audiodigital, recrutamento via redes sociais, marketing para a *web*, blogueiros, *mobile marketing*, entre muitas outras, são exemplos de áreas especializadas nas quais se poderá fazer bom dinheiro com os conhecimentos certos.

> **DICA:**
> Este é o momento de completar seu mapa mental de rendimentos com potenciais oportunidades que descobriu e/ou venha a descobrir.

- Aumento das energias renováveis: A proliferação das energias renováveis é uma das tendências mais marcantes na sociedade. É conhecido internacionalmente o investimento do Brasil em centrais hidroelétricas

# CUSTO DE OPORTUNIDADE

Tudo tem um custo de oportunidade. Como nosso tempo e presença são limitados, estamos continuamente escolhendo uma oportunidade em detrimento de outras alternativas. O custo de oportunidade é dado pela escolha que não fizemos. As pessoas mais bem-sucedidas financeiramente sabem que todas as escolhas têm custos e fazem contas continuamente, com o objetivo de maximizar seu retorno.

Para avaliar uma oportunidade, você tem de avaliar muitos outros fatores além dos financeiros. Apresento-lhe em seguida uma definição do nível de atração de uma oportunidade a partir de uma fórmula:

Atração de oportunidade = Função (rendimento, independência, esforço, risco, outras variáveis)

Foi o que o professor Cobb-Douglas fez, atribuindo um valor de 1 a 5 a cada variável (sendo que 1 corresponde a pouco e 5 a muito) e um peso w aos vários fatores em função da importância que têm para a pessoa (para pessoas adversas ao risco, o peso do fator risco w poderá ser 0,8, por exemplo):

$$\text{Atração de oportunidade} = \sum_{o}^{n} (w_1 R + w_2 I - w_3 E - w_4 Ri)$$

Consideremos o seguinte exemplo para um trabalhador assalariado que receba R$ 30.000 anuais e que esteja indeciso quanto a lançar-se num negócio próprio que poderá lhe dar mais dinheiro em dois anos, com quatro meses de rendimentos baixos. Ao atribuirmos os diferentes valores a cada variável e assumindo que nenhuma variável tem mais peso do que outra ($w = 1$), podemos fazer o seguinte cálculo:

| Fator | Novas oportunidades | Trabalho existente |
|---|---|---|
| Rendimento por dois anos | 80.000<br>4 | 60.000<br>3 |
| Independência (I) | 5 | 2 |
| Esforço (E) | 4 | 3 |
| Risco (R) | 4 | 2 |

Assim, teríamos:

Atração nova oportunidade = 4+ 5 – 4 – 4 = 1
Atração oportunidade existente = 3 + 2 – 3 – 2 = 0

Nesse caso, a nova oportunidade tem um fator mais elevado de atração. Naturalmente que não recomendo o cálculo exaustivo de todos os custos de oportunidade segundo essa fórmula, mas para decisões importantes poderá ser interessante ponderar as diversas variáveis.

### ✓ Pareto e os 80/20

A regra dos 80/20 é uma das mais divulgadas na consultoria de gestão e nos negócios. Foi estudada pela primeira vez pelo economista e sociólogo Vilfredo Pareto, que descobriu, em 1906, que 80% do território italiano eram detidos por 20% da população. Essa regra nos diz que 80% dos resultados advêm de 20% dos *inputs*. Se ponderar a evolução ao longo da história, você verá que 80% do dinheiro é detido por 20% da população, 80% dos resultados derivam de 20% do esforço e do tempo, e que 80% dos lucros de uma empresa advêm de 20% dos produtos e dos clientes.

Há inúmeras aplicações da regra dos 80/20, e, se você se focar em como aumentar seus 80% de resultados com 20% de esforço, estará aproveitando melhor seu tempo e sua vida.

e outras energias renováveis. Governos ao redor do mundo anunciam a criação de milhares de postos de trabalho na área ambiental e das energias renováveis, mas há muitas outras oportunidades a explorar com o aumento dos preços dos combustíveis e o investimento nas energias alternativas. Por exemplo, o Brasil já é o segundo maior produtor mundial de biocombustível.

### Internet, revistas e feiras

A internet apresenta um imenso leque de oportunidades. Há dezenas de *sites* nos quais se discutem ideias para negócios e aparecem empresas à procura de parceiros estratégicos. O *site* estrangeiro Entrepreneur.com apresenta várias oportunidades, desde *franchising*, passando por parcerias com empresas já instaladas e que querem expandir seus negócios. É uma excelente fonte de inspiração para ideias que você queira aplicar no Brasil.

Há várias revistas e feiras de negócios que podem servir para a procura de oportunidades. Revistas como a *MIT Review* e *Harvard Business Review* têm vários estudos de caso e artigos sobre novas empresas e negócios.

Habitue-se a seguir o capital de risco e poderá encontrar ideias inovadoras para negócios que talvez não precisem de apoio numa fase inicial.

### Erros comuns na escolha de oportunidades

Você deverá tentar evitar alguns erros frequentes na procura de novas oportunidades. O primeiro é a falta de pragmatismo na análise da oportunidade. O pragmatismo é uma das competências necessárias a um empreendedor. Uma ideia fresca pode parecer fantástica e um excelente negócio, mas você deverá avaliá-la calmamente após o estado de euforia normal. Lembre-se de que não é uma paixão que procura, mas sim um amor de longo prazo.

O segundo erro mais comum é o desconhecimento do mercado. Cada negócio tem muitas especificidades, que você só conhecerá se atuar no mercado. Lembre-se de conhecer todos os níveis e trabalhos de uma determinada área, pois assim terá uma visão mais completa do que a de uma pessoa que só conheça uma posição. Se não trabalhou na área, faça uma pesquisa durante alguns dias, antes de se lançar nessa área.

> **• LEMBRE-SE:**
> Quanto mais você se preparar, mais fácil será o percurso de implementação da oportunidade.

O terceiro erro mais comum é o otimismo excessivo. Um empreendedor está normalmente focado na visão e poderá esquecer-se de olhar para as estimativas financeiras de forma correta ou não conhecer a concorrência suficientemente bem.

Outros pormenores a observar:

- ↝ Não se esqueça de escolher bem sua equipe, uma vez que problemas com os sócios são habituais.

- ↝ Tenha uma boa assessoria jurídica, pois isso poderá poupar-lhe muito dinheiro e determinar se você continuará ou não no negócio.

- ↝ Se seu negócio depender de comércio de rua, não se esqueça de escolher muito bem a localização e fazer um estudo sobre o número de pessoas que passam diariamente pelo local e os concorrentes mais próximos.

Falta agora saber analisar as várias oportunidades de negócio e ter algumas diretrizes para auxiliá-lo na escolha. Vamos fazer isso na próxima seção.

## ESCOLHA SEU NEGÓCIO

Há muitas teorias para a avaliação dos negócios conforme a área em que você se encontra. Por vezes, você terá de recorrer a uma consultoria especializada apenas para avaliar o negócio; talvez seja melhor não o escolher se não tiver conhecimento suficiente. O primeiro aspecto a avaliar na escolha do negócio é sua competência e a de sua equipe para levar o projeto adiante. Você tem os conhecimentos necessários para implementar a ideia que pretende?

A segunda pergunta a fazer a si próprio é se o produto ou serviço que você idealiza pode ser produzido e comercializado. O produto tem qualidades diferenciadoras? Cria valor significativo para o cliente? Haverá mercado para o produto ou serviço? Faça muito bem as contas. A realidade dos números pode ser muito dura no tocante a negócios, e é do seu interesse que eles sejam muito bem calculados. O produto ou serviço pode ser produzido de forma a ter lucro? O retorno que você espera ter é consistente relativamente ao risco do negócio? O cálculo do impacto financeiro da necessidade que você encontrou é uma das chaves para a viabilidade do negócio. Já iremos fazer algumas contas simples para ajudá-lo nessa área.

A pergunta seguinte refere-se à equipe que você tem de mobilizar para implementar e explorar esse negócio. Você consegue atrair os recursos financeiros, físicos e humanos para a oportunidade? De quantos funcionários você precisará? Você tem ou consegue encontrar profissionais motivados e apaixonadas pela ideia? Se estiver planejando uma microempresa na área de serviços, você poderá precisar de poucos recursos, mas lembre-se sempre de que são as pessoas que fazem a diferença no negócio, e, quanto menos são, mais importantes se tornam. Lembre-se de que pessoas compram de pessoas.

Em seguida, irei analisar o processo de avaliação do negócio em função dos rendimentos e explorar o empreendedorismo da informação como uma das melhores formas de começar para a maioria das pessoas.

## Avalie a dimensão do negócio

Uma coisa muito importante que os empreendedores deverão analisar logo de cara é a dimensão do mercado que têm para a exploração da oportunidade. Essa dimensão é um fator importante, pois permite-lhe perceber quanto dinheiro circula nessa área e qual a participação de mercado a atingir.

A dimensão do mercado calcula-se multiplicando o potencial número de clientes pelo valor médio de cada unidade e pelo número de unidades médias adquiridas por cliente. Assim você encontrará o valor financeiro do mercado para a sua ideia. Mesmo que não tenha todas as variáveis para fazer a conta, você poderá apoiar-se em revistas especializadas, empresas de pesquisa como a Nielsen, ou falar com pessoas que já operem esse negócio.

Por que é que a dimensão do mercado é um dos primeiros fatores que menciono? Simplesmente porque você terá de pensar no tamanho que gostaria que sua empresa tivesse e

> **! LEMBRE-SE:**
> As empresas pequenas são fantásticas para movimentar fluxo de caixa. Por isso, pondere se precisa realmente crescer. Às vezes, é bom ser pequeno.

deverá começar a avaliar o potencial de escala da ideia. Há empresas que são feitas para serem pequenas, mas é bom que movimentem bastante dinheiro. Agora você deverá ponderar que tipo de empresa planeja criar:

- **Empresa de sucesso pessoal** – Está muito relacionada com as capacidades e o conhecimento do empreendedor. Ele é seu maior ativo e certamente trabalha muito para ganhar bastante dinheiro. Esse tipo de negócio provavelmente nunca irá crescer muito, mas poderá dar bons lucros. Alguns empreendedores treinam os empregados quando querem que o negócio cresça, mas é habitual que isso não funcione durante muito tempo, pois, uma vez treinados, os colaboradores poderão querer replicar seu trabalho e passam a ser concorrentes. Outros empreendedores, conhecendo esse risco, preferem manter os negócios pequenos e sob seu controle. As empresas de nicho ou de conhecimento muito especializado que pertencem a uma só pessoa também são representativas desse tipo de negócio, como as de consultorias especializadas num nicho, um bar que esteja na moda, um instituto de psicologia e estudos clínicos, uma representação de um distribuidor estrangeiro etc.

- **Empresa de oportunidade** – Um negócio que tenha um ciclo de vida reduzido, associado a um modismo ou tendência de curto prazo, caracteriza-se habitualmente por ter maior risco para o empreendedor, mas pode também gerar muitos rendimentos durante um período de tempo. Esse tipo de negócio, como uma padaria num bairro novo, um bar de praia ou uma empresa de exploração de uma nova lei, não tem grandes barreiras à entrada de concorrentes e pode ser rapidamente copiado, o que contribui para seu sucesso passageiro. Aprenda a avaliar o risco de entrada de novos concorrentes e a entender qual a natureza da oportunidade que está explorando. Por vezes, poderá ser difícil saber se você se encontra na presença de uma tendência ou de um modismo.

◦→ **Empresa de crescimento sustentado** – Os negócios de sucesso sustentado estão assentados num modelo de negócio escalável, com grande potencial de lucro e crescimento, e não dependem de apenas uma pessoa (ao contrário dos negócios de sucesso pessoal). O crescimento do negócio dependerá do plano de negócio, da equipe de gestão, da velocidade de crescimento e da capacidade de implementar a ideia. Esses negócios poderão também ter começado como sucesso pessoal do empreendedor e devido à sua capacidade, mas, se forem convertidos rapidamente em *franchising* ou em negócios escaláveis, crescerão de forma diferente. Os negócios poderão ser de produtos ou serviços, mas é habitual requererem maiores investimentos e empréstimos para financiar suas operações. Se houver *fluxos de caixa* positivos e grandes lucros, existirá também grande potencial de venda do negócio. Empresas na área de tecnologia, como o Facebook, ou de *franchising*, como o McDonalds, são exemplos desse tipo de negócio. Há empreendedores que preferem os negócios de sucesso pessoal por causa da sua dimensão e porque poderão não querer lidar com sócios, inúmeros fornecedores e ter muitos funcionários.

○→ **Empresa de base tecnológica** – Este tipo de empresa caracteriza-se por ter processos, ferramentas, metodologias e produtos que podem ser aplicados em nível industrial e comercial. Habitualmente, precisa de grande financiamento inicial para começar a exploração do negócio, tem um crescimento mais lento e explora uma inovação radical. A empresa de base tecnológica necessita de uma equipe de líderes de alto nível e deve ser planejada desde o início com processos internos bem estruturados, levando-se em conta a dimensão que terá. A IBM, o Grupo Virgin ou o Grupo Inditex são alguns exemplos.

Existem outros tipos de empresa como as organizações sem fins lucrativos ou *spin-offs* (criação de uma empresa que deriva de outra, como aquelas que foram incubadas numa universidade ou empresas de pesquisas e desenvolvimento) que não são exploradas aqui, mas que você deverá analisar com o mesmo referencial:

○→ Pense no objetivo final da empresa.
○→ Avalie sua escalabilidade.
○→ Planeje sua dimensão.
○→ Analise os custos iniciais.
○→ Determine o crescimento ideal para a empresa.

**Faça algumas contas simples**

As contas de dono de armazém aplicadas à análise de oportunidades de negócio podem ser muito úteis. Analise em seguida algumas fórmulas e conceitos essenciais para pequenos negócios que poderão ajudá-lo a determinar a validade da oportunidade.

## Custo fixo

Este custo, também chamado de operacional, consiste nas despesas que você terá por estar atuando no mercado e que não estão diretamente relacionadas com a produção ou serviços que a empresa presta.

Despesas com espaço, água e eletricidade, seguros e limpeza são alguns exemplos de custos fixos.

## Custo variável

O custo variável depende da exploração do negócio e altera-se em função disso. Esse tipo de custo está diretamente relacionado com o volume de negócios. A matéria-prima para a produção de um produto, deslocamentos e despesas de representação, comissões, publicidade e propaganda são alguns exemplos de custos variáveis.

> **! LEMBRE-SE:**
> Tente sempre monetizar uma oportunidade. "Monetizar" significa converter em dinheiro um bem, ideia, informação ou outro ativo.

## Dimensão de mercado e sua participação

Já analisamos o conceito de dimensão de mercado obtido pela fórmula:

Dimensão de mercado = Potenciais clientes x Valor médio por unidade x Número de unidades médias adquiridas por cliente

Depois você poderá calcular sua participação de mercado, ponderando sobre o tipo de empresa que pretende criar e que percentagem do mercado pretende dominar. Há negócios de nicho inovadores que chegam a ter perto de 100% da participação de mercado. Com esse cálculo você saberá qual o valor máximo que poderá atingir com a exploração do negócio. Vamos analisar o caso de uma empresa de treinamento em investimentos:

1. Primeiro, você deverá calcular qual a população-alvo que escolheria fazer um curso de investimento. Se considerar atuar majoritariamente no estado de São Paulo, serão 43 milhões de pessoas. Esse número será reduzido com algumas análises de mercado ou até mesmo pesquisas de rua. Então você conclui que a maioria dos que recorrem à formação nessa área é a população ativa (cerca de metade do total) e descobre que se situam entre os 25 e os 50 anos, totalizando 48% da população. Analisando os dados disponíveis, você descobre também que só 27% das pessoas investem. Com outro estudo, descobre que apenas cerca de 3% dos brasileiros investem em ações, e é esse tipo de investidor que você pretende abranger. Multiplicando esses valores, você obterá cerca de 97.000 pessoas, estimando assim a dimensão do seu mercado.[9]

2. Depois você deverá determinar a taxa de penetração, pois sabe que poderá não atingir todas as pessoas. Supondo-se que irá utilizar a internet como veículo principal de divulgação, você descobre que esse meio utilizado individualmente tem uma taxa de penetração de 20% (fonte: livro *b-Mercator*). Você

---

9 Fontes das informações deste parágrafo: IBGE, Fecomercio/RJ, UOL Economia, *Valor Econômico*.

sabe também que nem todas as pessoas procuram treinamento no Brasil ou não têm disponibilidade, assumindo uma redução de 20% das pessoas. Além disso, você julga que conseguirá ter uma participação de mercado de 50%, pois trata-se de uma área nova. Obterá assim 15.600 potenciais clientes para o seu negócio segundo esses canais.

3. Em seguida você poderá estimar que cada cliente fará dois cursos por ano e que o custo médio por unidade é de R$ 200. Conseguirá assim calcular o potencial de receitas do seu mercado, que é de R$ 3.120.000.

4. Deverá também calcular qual o faturamento estimado por ano. Se considerar que consegue formar 800 pessoas anualmente, definindo essa meta de forma realista e exequível, saberá que vai ter um volume de vendas de R$ 160.000.

## Margem bruta

A margem bruta é calculada subtraindo-se do faturamento total os custos variáveis. Esse é um excelente indicador de produtividade para comparar negócios. Repare que os custos fixos da operacionalização do negócio são deixados de fora.

Vamos fazer as contas da margem bruta para os cursos de treinamento mencionados. Se o preço de venda do curso for R$ 200, você poderá ter os seguintes custos diretos:

- Comissão de captação de clientes 20%.
- Custo do marketing por pessoa 10%.

○→ Custo logístico de aluguel do espaço (supondo-se que você não tenha instalações físicas para a escola e fazendo o cálculo com base no número médio de pessoas por turma): R$ 30.

○→ Custos materiais do curso: R$ 10.

> **LEMBRE-SE:**
> Você deverá ser um mestre no cálculo das margens brutas das oportunidades.

Você terá assim uma margem bruta de R$ 100, ou seja, uma margem bruta percentual de R$ 100/R$ 200 = 50%.

Note que alguns negócios podem precisar de ativos imobilizados (máquinas, equipamento, móveis etc.) e que estes podem estar diretamente calculados na margem bruta (se aplicável). Para isso, você deverá definir uma amortização por utilização, tendo em conta o tempo de vida útil do ativo e seu valor atual. No caso de um projetor para a empresa de treinamento, você teria: custo do projetor = R$ 1.000; número de utilizações: 500 vezes, supondo-se um custo por utilização de R$ 2.

> **DICA:**
> Calcule sempre seu ponto de retorno na avaliação de uma oportunidade. Esse processo deverá ajudá-lo a filtrar seu mapa mental de rendimentos. Avalie sempre o dinheiro que cada oportunidade movimenta e escolha as oportunidades que tenham o melhor equilíbrio entre potencial financeiro e esforço.

### Ponto de retorno das receitas

Você tem de calcular o ponto de retorno das receitas para saber quanto precisa faturar para cobrir todos os custos. O ponto de retorno ajuda-o também a saber quando poderá começar a ter lucro e obter receitas líquidas.

Se conhecer seu ponto de retorno, você poderá avaliar melhor seu negócio e saber se consegue ter clientes suficientes por ano para pagar as contas, ou se tem de alterar outras variáveis da equação.

Uma fórmula simples de calcular o ponto de retorno das receitas é dividir o custo anual do seu negócio pela margem bruta. Ou seja, aplicar a seguinte fórmula:

$$\frac{\text{Custo total do negócio ao ano}}{\text{Margem bruta}} = \text{Valor mínimo de faturamento}$$

Voltando à empresa de treinamento, se os custos fixos da exploração do negócio forem de R$ 60.000, considerando as despesas e os custos diretos com o pessoal, entre outros, você terá de faturar pelo menos R$ 90.000 por ano para pagar seus custos. Se quisesse calcular quanto isso representa em número de clientes, teria de dividir esse valor pelo valor médio pago por cliente e concluiria que teria de formar 450 clientes por ano para pagar seus custos (R$ 90.000/R$ 200). Se não estiver seguro de que consegue angariar esses clientes, não avance com o negócio.

Todos esses cálculos são importantes para as pequenas empresas e para o novo empreendedor, sendo que sua luta diária será para manter a liquidez do negócio e conseguir o valor mínimo de faturamento por ano. Um dos pontos mais importantes que merecem atenção no controle financeiro é o capital de giro e o equilíbrio entre as vendas feitas, o reconhecimento do capital e os custos. Se fizer uma analogia entre a liquidez que tem no seu negócio e um avião descolando, você perceberá bem esse conceito. Imagine que a liquidez que possui é o tamanho da pista que o aparelho tem para decolar. A aeronave representa sua ideia ou seu negócio, que precisa de liquidez até atingir a velocidade de arranque e alçar voo. Se tiver pouca liquidez, o avião cairá numa pista demasiado curta. Só com a liquidez certa você conseguirá levantá-lo.

Naturalmente que o tamanho do avião e seu peso contam muito, e você precisará de uma pista adequada. Não se esqueça de ter em conta sua própria liquidez enquanto empreendedor, pois você não vai querer que o piloto fique sem combustível.

## Empreenda com o conhecimento

Tenho um gosto especial pelas áreas de serviços e do empreendedorismo da informação. A realidade é que vivemos numa economia em que se paga um bom dinheiro pelo conhecimento. Gostaria que você prestasse especial atenção a esta seção, pois este é certamente um dos melhores meios por onde se pode começar a desenvolver mais rendimentos adicionais, com base nas suas competências.

As melhores escolas do mundo, como o Massachusetts Institute of Technology (MIT), colocam suas aulas *online* para todos verem.

Há milhares de livros sendo impressos todos os dias. Na realidade, o antigo trabalhador braçal é agora o trabalhador da

> **DICA:**
> Procure nichos de mercado e nunca se sinta limitado por não ter um título numa área. Se tiver paixão pelo tema, procure adquirir formação e trabalhe para isso.

informação. Os operários do conhecimento são valorizados pela interpretação da informação e pelo domínio que detêm de um assunto. É importante perceber que há uma grande diferença entre informação e conhecimento, e os empreendedores da informação são mestres no domínio de um tema: as ideias e a informação não estão filtradas, estruturadas, nem sedimentadas em conhecimento para serem transferidas de forma monetizada.

Com a proliferação das tecnologias de informação, trabalhadores do conhecimento como professores, advogados, médicos, engenheiros, psicólogos e arquitetos, entre muitos outros, procuram diferentes meios para aplicar o que sabem. Os meios de criação, distribuição, emissão, utilização e manipulação da informação são transversais a quase todas as indústrias. Por isso, sugiro que o leitor se torne um perito na sua utilização.

Você poderá perguntar por que a comercialização de conhecimento é um bom negócio. Pense um pouco. Rapidamente você vai constatar que tem baixos custos iniciais, não precisa de ter dinheiro para fazer dinheiro, pode empacotar o conhecimento que tem e comercializá-lo, pode gerir seu negócio a partir de várias localizações e verificará até que as grandes empresas não conseguem chegar a todos os nichos, eliminando os grandes competidores. Você pode dominar um nicho de mercado, especializar-se nele e fazer muito dinheiro com o empreendedorismo da informação ou info empreendedorismo.

São inúmeros os exemplos de info empreendedores bem-sucedidos por todo o mundo:

- Anthony Robbins – sucesso e desenvolvimento pessoal;
- Peter Drucker – gestão e liderança;
- Paul McKenna – motivação;
- Robert Kiyosaki – finanças pessoais.

# FÓRMULAS ESSENCIAIS DE CÁLCULO FINANCEIRO

Se quiser dominar outras fórmulas essenciais de cálculo financeiro, existem algumas muito úteis que você pode utilizar no Excel.

### *Valor presente:*
Valor presente é o valor total que corresponde ao valor atual de uma série de pagamentos futuros. Por exemplo, se pedir dinheiro emprestado, o valor do empréstimo é o valor presente para quem empresta o dinheiro.

Sintaxe Excel: VP (taxa; nper; pgto; vf; tipo). Em inglês, a fórmula é PV.

Todas as fórmulas utilizam as seguintes variáveis, que também se encontram definidas a seguir.

- Taxa: taxa de juros por período. Se contrair um empréstimo com uma taxa de juros de 20% ao ano e fizer pagamentos mensais, sua taxa será de 20%/12.

- Nper: número total de períodos de pagamento. Se contrair um empréstimo por dois anos com pagamentos mensais, o número de períodos será 24 (2x12).

- Pgto: o valor do pagamento feito em cada período não pode mudar. Por exemplo, os pagamentos mensais de um empréstimo.

- VF: valor futuro (descrito a seguir). É o valor que se deseja obter depois do último pagamento. Se você tiver poupado R$ 2.000 no final do período, então esse será o valor futuro, e você poderá calcular a taxa de juros para saber quanto terá de poupar por período.

- Tipo: o tipo é especificado por 0 ou 1, que significam que o vencimento do pagamento é no final ou no início do período, respectivamente.

**Taxa de juros:**
Para calcular a taxa de juros de um empréstimo ou investimento por período.

Sintaxe Excel: TAXA (nper; pgto; vp; vf; tipo). Em inglês, a fórmula é RATE.

**Valor futuro:**
O valor futuro de um investimento é calculado pela seguinte fórmula, de acordo com os pagamentos periódicos e taxas de juros constantes.

Sintaxe Excel: VF (taxa; nper; pgto; vp; tipo). Em inglês, a fórmula é FV.

**Número de períodos:**
Devolve o número de períodos para um investimento ou empréstimo, de acordo com os pagamentos periódicos constantes e taxas de juros iguais.

Sintaxe Excel: NPER (taxa; pgto; vp; vf; tipo). Em inglês a fórmula é igual.

**Pagamento periódico:**
Se quiser calcular o pagamento periódico de uma anuidade, de acordo com os pagamentos e com a taxa de juros constante.

Sintaxe Excel: PGTO (taxa; nper; pgto; vf; tipo). Em inglês, a fórmula é PMT (tax; nper; pmt; fv; type).

As pessoas pagam por conhecimento especializado. Mesmo existindo educação financeira nos Estados Unidos desde 1950 e apesar do conhecimento do nome de Robert Kiyosaki em todo o mundo, as finanças pessoais dos brasileiros são muito diferentes. Foi por isso que escrevi o primeiro livro adaptado à realidade brasileira. Há ainda muito espaço para procurar nichos e especializar-se.

## Estratégias de infoempreendedores

Existem três competências essenciais que um info-empreendedor de sucesso deve ter:

1. Descobrir os mercados que ainda não estão trabalhados e tornar-se um especialista nessa área.
2. Criar iscas para seus clientes e propostas de valor irrecusáveis.
3. Viver o que ensina, criando clientes e relações para a vida.

Para cumprir esses requisitos, você deverá começar por escolher um tema de que goste bastante e no qual tenha experiência. Um pequeno exercício que lhe recomendo, adaptando o conceito de significado-prazer-forças de Tal Ben-Shahar, passa por responder às seguintes questões:

1. O que é que o faz sentir-se realizado?

    _____
    _____
    _____
    _____

2. O que é que lhe dá prazer? O que é que gosta de fazer? Você tem paixões, *hobbies* ou talentos que gostaria de desenvolver mais?

_____
_____
_____
_____

3. Quais são as suas forças, aquilo em que é realmente bom? Você tem competências, capacidades ou experiências que possa compartilhar?

_____
_____
_____
_____

Essas perguntas vão ajudá-lo a descobrir se há alguma área em que possa trabalhar e partilhar com os outros, com base nos seus gostos pessoais. O segundo passo é escolher a forma de empacotar seu conhecimento e transmiti-lo, pois há várias maneiras de ganhar dinheiro com o conhecimento. Você poderá optar por um tipo de negócio em que:

- Seja o especialista.
- Dê voz a especialistas.
- Distribua conhecimento.
- Franqueie o conhecimento.

Depois você deverá escolher um ou vários métodos de transmissão do conhecimento:

- Autor: livros, colunas de jornais e revistas, escritor *freelancer*.
- Orador: conferências, seminários, treinamento.
- Áudio e vídeo: DVDs, programas de televisão e rádio.
- Internet: *web conferencing, newsletters*, redes sociais.
- Consultor: consultoria; *coaching; mentoring*.

Por fim, é importante escolher o canal de marketing e de captação, para chegar aos seus clientes. Você poderá optar por fazer marketing direto, comprar uma base de dados sobre seu público-alvo, fazer parcerias com empresas, utilizar redes sociais ou mesmo pagar comissões a captadores.

A economia do conhecimento é real, e podem ser criados vários rendimentos residuais nessa área. Sugiro que comece já a inventar dinheiro com o info-empreendedorismo, e, se quiser aprofundar mais esse assunto, recomendo que leia o livro de Robert Allen, *Multiple streams of income*.[10]

Agora é o momento de criar a estratégia operacional e planejar seu negócio.

## PLANEJE O NEGÓCIO

Qualquer negócio novo necessita de um plano. Se pensar estrategicamente sobre sua ideia, você a estará validando e reduzindo o risco de sua implementação, identificando potenciais obstáculos.

---

10 Em tradução livre, *Múltiplas fontes de renda*. Livro não lançado no Brasil.

A operacionalização de uma estratégia de negócio deve ser acompanhada de um plano de negócios. Esse é o principal documento para sistematizar e estruturar seu projeto. Na prática, servirá como o documento para negociação com interlocutores externos, para refletir sobre o seu negócio e como meio de comunicação de suas intenções.

Muitos empreendedores trabalham no negócio, mas esquecem-se de pensar nele. A diferença é que, quando trabalha apenas por trabalhar, sem um plano de operações ou uma estratégia definida, você está desperdiçando sua capacidade empreendedora e, mais cedo ou mais tarde, perceberá que não está avançando na direção pretendida.

Centenas de livros ensinam detalhadamente como elaborar um plano de negócio. O que pretendo nesta seção é chamar sua atenção para os pontos mais importantes que deve considerar enquanto pensa no negócio. Vou lhe oferecer também vários elementos para poder detalhar com maior profundidade cada uma das seções.

Vamos então analisar quais os elementos de um plano de negócio. Desse modo, você terá uma estrutura para pensar no negócio e uma base para implementar rendimentos adicionais.

> **> DICA:**
> Faça um breve plano de negócio para as ideias que já filtrou. Terá assim uma ferramenta e um modelo para pensar no negócio e reduzir o risco de sua implementação.

## Elementos de um plano de negócio

Um plano de negócios permite-lhe estruturar suas ideias de forma clara e é uma ferramenta para defesa e comunicação dessas ideias. Não precisa ser um documento com cinquenta páginas, mas deve refletir os elementos principais de sua estratégia. Você deverá reavaliar anualmente seu plano de negócios, pois é natural que seu negócio mude, e o plano deverá refletir isso.

A estrutura de seu plano de negócios poderá ser:

1. **Sumário executivo** – descreve o objetivo principal de sua ideia e sintetiza o que será apresentado, e, por essa razão, deve ser o último elemento a ser escrito.
2. **A oportunidade** – descreve a necessidade ou problema, as motivações, sua visão, a proposta de valor para seus clientes e o mercado.
3. **O conceito** – qual o tipo de empresa, nomes, plano de marketing, plano de vendas e plano de operações.
4. **Organização** – constituição da equipe de gestão, recursos humanos e cultura organizacional.
5. **Plano financeiro** – qual o modelo de recebimentos, análise de custos, previsão de faturamento e financiamento.

Vamos então analisar alguns aspectos que você não deve esquecer quando planeja seu negócio e terminar com um exemplo. Tendo já analisado a oportunidade, vamos começar por analisar o conceito do negócio.

## O conceito do negócio

A primeira coisa que qualquer empresa tem de fazer durante sua infância é vender. Você, como empreendedor, terá de ser o melhor vendedor da empresa. Deverá dedicar 80% do seu tempo à captação dos primeiros clientes. Exatamente, 80% do seu tempo e não menos. Você poderá ter um responsável comercial que o apoie e que possa facilitar contatos, abrir portas e organizar o departamento comercial. Seu plano de vendas poderá passar por um *site* com informações para o consumidor avaliar ou por uma proposta para apresentar a empresas, mas tem de haver um plano.

O objetivo do marketing é criar *leads* suficientes para você e sua estrutura comercial trabalharem, mas inicialmente não invista muito em marketing corporativo. Se o seu negócio for *business to consumer* (negócio entre empresa e consumidor, B2C), é provável que precise do apoio do marketing, mas, se for *business to business* (entre empresas, B2B), bons contatos e uma forte cultura comercial para ser bem-sucedido poderão ser suficientes. Ainda assim, sua ferramenta de gestão de clientes, ou *customer relationship management* (CRM) deve estar preparada para ser inundada de oportunidades.

> **DICA:**
> Implemente um CRM (*customer relationship management*) desde o início. Você poderá utilizar uma ferramenta *online* gratuita, como o ZoHo para a gestão dos clientes (http://crm.zoho.com), mas tem de ter um.

O objetivo do CRM é ir guardando contatos e acompanhar o estado das propostas ao longo do funil de vendas.

Tudo na sua organização deve estar consistentemente orientado à mensagem que se quer transmitir. Você deverá ter o seu *pitch de vendas* muito bem estruturado, facilitando a compreensão da sua proposta de valor. Todos os negócios devem ter uma proposta de valor única, que crie a vontade e o desejo nos seus clientes. Para isso, você deverá conseguir transmitir os benefícios ao seu cliente. Poderá ainda não saber bem o que está vendendo e a melhor forma de fazer isso, mas repita regularmente a abordagem até encontrar um discurso que pegue. Se quiser aprofundar mais esse tema, leia o livro *Ready, fire, aim*, de Michael Masterson. Nunca se esqueça de que seu objetivo é atingir a massa crítica de clientes que permitam atingir o ponto de retorno do seu negócio (e que você já deverá conhecer desde o início).

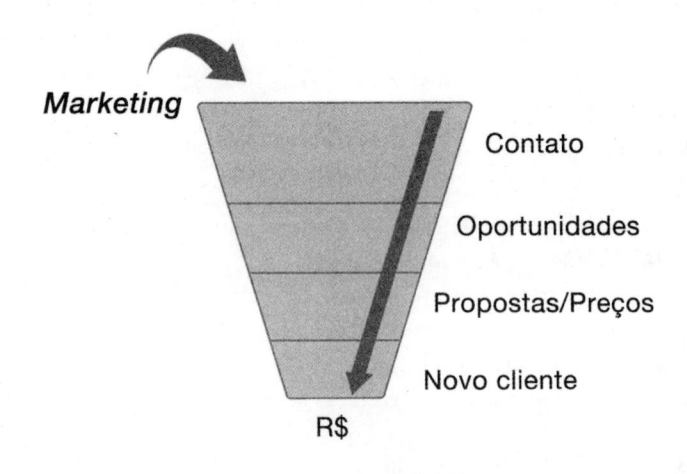

Figura 24 – Funil de vendas

Naturalmente que antes de vender você precisa ter a concepção do produto definida. Deve iniciar a venda mesmo antes de ter todo o produto pronto, mas é importante que concentre os esforços técnicos em criar o produto com o mínimo necessário de funcionalidades para o primeiro cliente. A qualidade deve ser uma preocupação sua, que aumentará gradualmente. Faça pouco, mas bem. O mesmo se aplica às pessoas que contrata. Terá de fazer omeletes com poucos ovos no início, tendo recursos escassos e debatendo-se com a liquidez, mas lembre-se de que ela só irá aumentar se você vender!

Habitualmente você precisa de menos do que pensa para começar a vender. Uns cartões de visita, uma marca

# PRINCÍPIO DO CONTRASTE

O princípio do contraste, apresentado por Robert Cialdini no livro *Influência – A psicologia da persuasão*, é um conceito essencial para as vendas. O princípio pode ser ilustrado pela experiência de levantar objetos e dar sua opinião sobre seu peso. Se começar por levantar um objeto leve e logo a seguir levantar outro pesado, você pensará que o segundo objeto é mais pesado do que se o tivesse levantado sem testar o primeiro. Trata-se de um princípio que pode ser aplicado aos negócios e à vida e que ilustra como somos facilmente influenciados por âncoras.

Um bom princípio de vendas é começar por tentar vender o produto mais caro primeiro. Quando você começa por apresentar os valores altos de um produto, será sempre mais fácil vender outro mais barato. Se começasse por tentar vender o produto mais barato para depois subir o preço, teria mais dificuldade em vendê-lo. Venda sempre o que é mais caro primeiro e verá suas vendas aumentarem.

Além dessa aplicação, no seu negócio você poderá ter produtos ou serviços mais caros, por exemplo, numa linha *premium*, que estejam muito afastados do preço médio habitual de sua linha básica, mas que o ajudem a vender mais dela. A distribuição de preços é muito influenciada por âncoras. Os melhores vendedores e gestores de marketing são mestres no princípio do contraste.

registrada com um logotipo atrativo, o conceito do produto definido, um telefone para ligar a fornecedores, parceiros e clientes e o domínio de redes de contatos poderão ser suficientes, se você tiver uma empresa de serviços. Não invista muito em equipamento imobilizado antes de criar o produto e vendê-lo. Só se vender é que você poderá realmente saber se o negócio funciona e se o plano de negócio da oportunidade é viável.

Esteja também preparado para fazer mudanças. Inicialmente, é habitual ter só um produto para vender, no qual acredita. No entanto, é importante que você tenha estruturado mais algumas linhas de negócio como plano B. Mais de 60% dos empreendedores mudam os planos originais segundo os quais as empresas foram criadas (se quiser aprofundar esse tema, leia o livro *Getting to plan B,* do professor John Mullins). O que é que isso lhe diz? Que precisa de uma boa equipe, ser flexível e ter perseverança para vender o seu conceito.

Não se esqueça de enquadrar muito bem seu faturamento e modelo de negócio em função do tipo de empreendimento que planejou. Uma empresa de sucesso pessoal nunca irá faturar tanto como uma empresa industrial, mas também não terá tantos custos. Além disso, uma estrutura mais leve vai lhe permitir mudar de rumo com mais facilidade.

Se o produto ou serviço funcionar bem e vender, faça-o mais vezes, concentrando-se agora no modelo de operações. Lembre-se sempre de pensar no negócio e de estruturar um manual de operações de como deve vender e servir o cliente, produzir seu produto ou serviço e comunicá-lo. Estará assim criando as bases para escalar seu faturamento a outros produtos ou serviços.

# FUNCIONALIDADES *VS.* BENEFÍCIOS

Um dos conceitos essenciais que os professores de marketing e publicidade ensinam nas suas cadeiras é a diferença entre funcionalidades e benefícios. Os benefícios devem transmitir emoções e dar ideias da utilidade do produto ou serviço ao comprador. As funcionalidades descrevem o que o produto ou serviço faz e tem, enquanto os benefícios devem transmitir as vantagens.

Um exercício muito utilizado para ilustrar esse conceito é a análise de um lápis. Num dos lados de uma folha de papel escreva "funcionalidades" e no outro "benefícios", e comece a descrever um lápis em ambas as categorias:

| Funcionalidades | Benefícios |
|---|---|
| ➤ Tem uma borracha | ➤ Facilita a correção |
| ➤ É feito de madeira | ➤ Pode ser afiado facilmente |
| ➤ É pequeno | ➤ Facilita o transporte |
| ➤ A ponta é de grafite | ➤ Pode ser utilizado em muitas superfícies |
| ➤ Tem um traço fino | ➤ Permite vários estilos de escrita |
| ... | ... |

Esse exercício ajuda a desconstruir e a listar detalhadamente os vários benefícios que seu produto ou serviço possibilita. Pense sempre no que seus clientes querem!

## Organização

A escolha dos parceiros de negócio é crucial. Lancei-me sozinho nos negócios porque não encontrei uma equipe que também tivesse disponibilidade de tempo, recursos financeiros e capacidade empreendedora para compartilhar o risco. Tive assim de aprender várias coisas e contratar as que não dominava. Se estiver trabalhando com outras pessoas no seu negócio, precisará de profissionais bons, técnica e profissionalmente, mas deverão ser mais do que isso: deverão estar envolvidos de forma harmoniosa, alinhados para atingir um objetivo e concentrados na ideia tal como você está.

Bons parceiros de negócio são difíceis de arranjar, mas, quando se encontram as pessoas certas, poderá ser para a vida toda. Lembre-se de que a experiência é um fator muito importante para uma empresa que está iniciando operações. Se precisar de capital, será para a equipe de gestão que os investidores estarão olhando. Por isso, procure pessoas com reputação e que o ajudem a reunir os recursos para o negócio. Acima de tudo, procure indivíduos com capacidade de trabalho e fortes psicologicamente para lidar com os desafios iniciais de uma empresa. Por vezes, trabalhadores de longa dependência não são os melhores empreendedores (por não terem o espírito do "se virar" tão desenvolvido), mas poderão ser excelentes gestores.

Você precisará de pessoas positivas, que deem força à construção do seu negócio. Pessoas negativas são como furos num balão e contribuirão rapidamente para a sua queda. Se no início você tem uma forte contenção de custos e foco no faturamento, terá de aproveitar todos os recursos ao máximo. Prepare-se para desenvolver suas capacidades de liderança e motivação. Mesmo quando se sentir um pouco perdido, você deverá ter força para se motivar e à equipe. Não se esqueça, igualmente, de procurar pessoas proativas e responsáveis. Na implementação inicial do negócio você precisará de velocidade, e ela é conseguida com rápidos criadores de soluções.

Para perceber de que pessoas e funções precisará na sua empresa, você deverá construir seu diagrama organizacional. Mesmo que tenha seu nome escrito em todas as áreas, não se preocupe. Foi também assim que comecei minha primeira empresa. No entanto, você terá já a noção de quem precisará contratar para as diversas áreas, ou se irá buscar essa competência fora da empresa. A construção do diagrama organizacional deverá estar alinhada com o conceito do negócio e poderá ser semelhante ao que apresento em seguida para uma empresa de serviços:

| | | **DIRETOR GERAL** | | | |
|---|---|---|---|---|---|
| Diretor de pesquisa | Diretor de marketing | Diretor de vendas | Diretor financeiro | | Departamento de TI |
| Gestão de qualidade Engenheiros | Assistente de marketing | Gestão de clientes Novos negócios Gestão de parcerias *Inside sales* | Contabilidade Contas a pagar e a receber | | Suporte no negócio *Helpdesk* |

Figura 25 – Diagrama organizacional

Quando iniciei sozinho minha empresa do conhecimento, eu desempenhava todas as funções da empresa. Poderia parecer desnecessário ter um diagrama organizacional, mas é essencial para uma pequena empresa. Permitiu-me ter uma visão clara das funções que estava assumindo, de forma a não confundir os diferentes papéis.

Acima de tudo, serviu como uma ferramenta para identificar as áreas por onde deveria começar a contratar ou se optaria pela terceirização. Já lhe falei dos seus conflitos internos relativamente aos vários papéis que terá de desempenhar como empreendedor, gestor e técnico.

Esses papéis são diferentes e, se estiver sozinho no negócio, poderá ser difícil saber que chapéu colocar de cada vez. Você poderá inclusive ser tentado a fazer o trabalho mais técnico e menos de empreendedor ou de vendedor, tão necessário na fase inicial do seu negócio. Foi Michael Gerber, no seu livro *E-myth*,[11] que descreveu esses conflitos pela primeira vez e o que fazer para superá-los. Leia o livro se quiser aprofundar o tema, mas nunca se esqueça de procurar em outros as competências que não estão tão desenvolvidas em você.

No que diz respeito ao pensamento, o empreendedor caracteriza-se por:

- Ser visionário e estrategista.
- Atuar como catalisador da mudança.
- Ter uma personalidade criativa, originando novas ideias.
- Acreditar por vezes que as pessoas são um problema para a implementação da sua visão.

O executivo, ou gestor, caracteriza-se por:

- Ter necessidade de controle.
- Aplicar um pensamento pragmático e orientado para números.

---

11 Em tradução livre, *E-mito*.

○→ Planejar, gostar de previsibilidade e ordem.
○→ Viver no "passado" medindo o "futuro" visionado pelo empreendedor.

Por outro lado, o técnico tem ainda outra forma de operar:

○→ Executa as tarefas.
○→ Habitualmente, faz uma coisa de cada vez.
○→ Acredita que tem o conhecimento técnico e sabe fazer as coisas.
○→ Por vezes, pensa que se não fosse ele a fazer o trabalho, nada seria feito.

Identifique também que competências pode contratar fora do seu diagrama organizacional e quais não deve contratar. Normalmente, um negócio necessita de competências nas seguintes áreas:

○→ **Contabilidade e financeira** – Poderá ou não ser contratada. Um bom contador é essencial para um negócio e muitas vezes o braço direito do empreendedor, podendo assumir um papel financeiro mais forte. Se possível, tenha as competências financeiras perto de você, pois já sabe que a gestão da liquidez é essencial.

○→ **Administrativa** – Em muitos casos, a componente administrativa é parte integrante da empresa, mas, com o crescimento dos serviços compartilhados de assistentes virtuais, torna-se muito fácil ter serviços de atendimento de chamadas e correspondência fora da empresa.

○→ **Advocacia e assessoria jurídica** – Por norma, são contratadas e essenciais aos negócios de serviços e de proteção da propriedade intelectual.

- **Técnico de informática** – Se seu negócio não estiver dependente de uma plataforma tecnológica inovadora, você poderá contratar fora as competências de *web design*, administração de domínios e manutenção de computadores.

- **Gestor** – Dependendo do tamanho do seu negócio, você poderá ser o seu próprio gestor ou contratar um executivo orientado para números para auxiliá-lo. Esta competência habitualmente faz parte da empresa.

- **Responsável comercial** – Você já sabe que deverá ser o melhor vendedor da empresa, mas por vezes ter um braço armado ajuda. O responsável comercial deve fazer parte da empresa e poderá depois angariar outros representantes comerciais externos, mas pelo menos deverá ter um profissional forte comercialmente para coordenar a área de vendas e que seja responsável pelo desenvolvimento do negócio.

- **Responsável de marketing** – Dependendo do tipo de empresa, você poderá contratar fora o trabalho de marketing e comunicação. Existem inúmeras empresas que apoiam a divulgação de outras empresas com fantásticas estratégias de marketing na *web* e boas redes de contatos na mídia tradicional. O problema desta abordagem é o custo que essas empresas podem ter; por isso, se necessitar, procure alguém que acumule funções com a área comercial e tenha experiência nessa área.

## Plano financeiro

Existem inúmeras fontes e análises sobre estudos de avaliação de empresas, planejamentos financeiros e sua modelização. Não pretendo aqui escrever um manual teórico de elaboração do plano financeiro, até porque já existem excelentes guias para isso.

Quando criar sua empresa, você deverá focar-se na construção de uma sólida demonstração financeira, utilizando os conceitos detalhados anteriormente e que podem ser aprofundados em livros como o *O empreendedor* de Ronald Degen ou *Introdução à contabilidade* de Clóvis Padoveze.

Ao iniciar sua empresa, não se esqueça de definir muito bem o preço que vai cobrar pelos seus produtos e serviços, quais as vendas necessárias para cobrir os custos fixos, em função da margem bruta, e, acima de tudo, gerir muito bem os custos salariais. É habitual numa empresa de serviços essas despesas atingirem 80% de todos os custos.

Pondere se necessita de instalações físicas para começar seu negócio. Se estiver sozinho, certamente não precisará, podendo recorrer a núcleos empresariais ou a incubadoras de negócios.

No seu plano financeiro, não se esqueça de ser conservador em relação às suas previsões. Deseje o melhor, mas prepare-se para o pior. Lembre-se de deixar sempre algum capital de reserva para despesas imprevistas.

### Fontes de financiamento

Uma necessidade de todos os empreendedores é o investimento inicial para começar a empresa. Entre as principais fontes de financiamento para iniciar o seu negócio estão suas próprias poupanças e o dinheiro dos 3Fs: família, *friends* (amigos) e *fools* (tolos). Contudo, pedir-lhes dinheiro emprestado não é uma boa opção.

Há vários locais onde se pode buscar dinheiro, desde o banco tradicional até instituições de capital de risco. Se tiver uma empresa de serviços que não precise de muito capital para arrancar, recomendo que recorra ao seu dinheiro. É sempre mais fácil criar negócio próprio com dinheiro seu e só recorrer a terceiros se depois precisar

> **DICA:**
> Não recorra aos 3Fs (família, *friends* e *fools*) para iniciar sua empresa.

de mais recursos financeiros para a expansão. Recorde-se de que não deve colocar em pauta o dinheiro que tem reservado para emergências e que o investimento numa empresa deve ser visto como mais um ativo, cabendo na sua estrutura de ativos como qualquer outro investimento. Se investir dinheiro seu, de forma a ter maior controle do negócio, idealmente deverá ter um ano de despesas mensais separadas (caso alguma coisa corra mal e você tenha de fechar a empresa e começar de novo).

Você poderá ir buscar dinheiro em outros locais, pesquisando: linhas de crédito especiais para empreendedores individuais ou *startups*; incubadoras de empresas; sociedades de investimento e *business angels* (investidores-anjo). Existem também programas governamentais de apoio ao empreendedorismo. Lembre-se de que empreendedorismo é uma palavra que está na moda e Sebrae, Cietec, CJE Fiesp, Finep e BM&F Bovespa, por exemplo, podem oferecer seminários, palestras, cursos, programas de capacitação, apoio e orientação para atendimento de demandas nas áreas de obtenção de crédito, controles gerenciais, gestão mercadológica e outros temas pertinentes.

> **DICA:**
> Se estiver pensando em criar uma empresa pessoal, pense se precisa constituir logo uma sociedade ou se pode operar seu negócio ao abrigo de uma marca, enquanto tem a atividade aberta como profissional liberal. Lembre-se de começar pequeno e ser flexível!

Relativamente à contabilidade e aos livros, sugiro que os veja como algo que tem de estar muito bem estruturado. A contabilidade de gestão poderá até não bater com a contabilidade financeira, mas tenha registros impecáveis de cada uma. Dá trabalho manter os registros atualizados, mas não deixe de fazer isso todos os dias. Idealmente, a contabilidade de gestão e a contabilidade financeira devem estar alinhadas, pois simplifica muito o trabalho inicial e dá uma garantia de confiabilidade das contas, caso tenha de acionar outro plano.

Terminarei esta seção com a análise dos passos que você tem de dar para criar legalmente a sua empresa:

1. **Defina a natureza comercial e jurídica**
   - *Natureza comercial:* prestação de serviços, comércio ou indústria.
   - *Natureza jurídica:* sociedade limitada, sociedade anônima, cooperativa, associação, microempreendedor individual etc.

2. **Consultas: de imóvel, nome da empresa e sócios**
   
   Escolha o nome na Junta Comercial e solicite a verificação do nome escolhido. Normalmente, é preciso dar três opções de nomes para facilitar, caso algum deles não esteja disponível. Consulte também a Receita Federal, Estadual e Municipal e a Junta Comercial para verificar a situação de todos os sócios.

3. **Contrato social**
   
   Após as consultas, deve-se proceder à confecção do contrato social e registrá-lo na Junta Comercial.

4. **CNPJ e inscrição estadual**

   Faça a inscrição no CNPJ, a Receita Federal do Brasil. Algumas empresas são isentas da inscrição estadual. Para obter sua inscrição estadual (IE) ou saber se sua empresa é isenta vá até a Secretaria Estadual da Fazenda do seu Estado.

5. **Inscrição municipal – CMC**

   Toda empresa é obrigada a fazer a inscrição municipal na cidade onde será implantada, junto à Secretaria da Fazenda do seu município.

6. **Registro na Previdência Social – INSS**

   Vá até o posto da Previdência Social e solicite a sua inscrição no sistema.

7. **Alvará de Funcionamento**

   Tem também de obter o Alvará de Funcionamento, na Prefeitura da sua cidade. Vale lembrar que os procedimentos para a inscrição variam conforme a legislação de cada município.

8. **Autorização para impressão de documentos fiscais**

   Solicite à agência da Receita Estadual a autorização para impressão de documentos fiscais para poder confeccionar os talões de notas fiscais.

9. **Cadastro na Caixa Econômica Federal**

   Para inscrição do empreendimento no FGTS, você deve dirigir-se à unidade mais próxima da Caixa

Econômica Federal com uma cópia dos atos de constituição do empreendimento (contrato social, estatuto, ata, CNPJ etc.) e cópias autenticadas do RG e do CPF do responsável e fazer a conectividade social.

## Sumário executivo da KashInvest

Apresento em seguida um sumário executivo ilustrativo que reúne os conceitos detalhados anteriormente.

### Missão

A KashInvest tem como missão ser a melhor empresa de formação em mercados financeiros no Brasil, oferecendo um curso de investimentos a todos os brasileiros.

### A oportunidade

As finanças pessoais são atualmente uma necessidade. A KashInvest pretende oferecer a todos os brasileiros com um curso de investimento. Cerca de 16% da população brasileira investe no mercado, procurando alternativas para proteger seus rendimentos das incertezas da conjuntura econômica. Desses investidores 81%[12] preferem a caderneta de poupança, mas a tendência de queda nas taxas de juros têm levado muitos a procurar outras alternativas. A população está se conscientizando para esse problema. Após a análise da concorrência, vemos que ainda não há formação técnica de qualidade a baixo preço, acessível ao bolso da maioria dos brasileiros. A criação de conteúdos de qualidade validados por investidores profissionais pode ser

---

12 Fonte: Fecomercio RJ, 2013

feita rapidamente, por meio da criação de uma marca de renome no mercado. Além disso, temos conhecimento de que várias entidades financeiras estão criando seções de finanças pessoais, contribuindo para a divulgação desses temas.

## O conceito

O negócio da KashInvest será formar e comercializar conhecimento para ajudar os brasileiros na alfabetização financeira. Nossos serviços terão três fontes de receita: 1) formação presencial em salas de até quinze pessoas; 2) *blended learning*, que alterna aulas via internet com aulas presenciais; 3) nosso portal, com informação financeira atualizada diariamente, onde teremos um clube de investimentos virtual e obteremos rendimentos da publicidade de empresas da área.

Com a experiência da equipe de gestão e treinadores, conseguiremos acessar o mercado de formação em investimentos mobiliários com qualidade e a baixo preço. O plano de vendas passará por abordar o segmento B2C, por meio de marketing *online,* e explorar com força de vendas diretas parcerias estratégicas com algumas grandes empresas nacionais. Após o contato com algumas entidades financeiras, conseguiremos ter parcerias estratégicas como forma de captar mais clientes.

A formação empresarial será outra linha de negócio da formação presencial. O objetivo do portal de informação financeira é fidelizar os clientes e ampliar rapidamente o nome da marca, criando uma plataforma de disseminação de conteúdos e formação. O modelo de formação *blended learning* será entregue por meio do portal e alavancado por todo o mundo por falantes de língua portuguesa que queiram informação de qualidade.

*Organização*

A equipe de gestão será composta por profissionais experientes do setor financeiro e da educação:

Ricardo Ferreira, diretor executivo. Ricardo Ferreira possui cinco anos de experiência em mercados financeiros, tendo atuado como corretor no Banco Abc. Com um MBA pela Universidade Estrela, implementou novos modelos de análise técnica de investimentos e colaborou como professor convidado nesse estabelecimento de ensino superior, onde se tem dedicado, no último ano, à cadeira de Investimentos. Será responsável pela gestão da empresa e pela coordenação do suporte tecnológico.

Manuela Pereira, diretora de Formação. Manuela Pereira tem mais de mil horas de formação como responsável dessa área na Universidade Estrela. Foi responsável pela implementação do programa de formação da empresa Ypt e pela criação da estrutura comercial e de captação. Possui mestrado em Recursos Humanos pela Universidade Planeta. Será responsável pelo Departamento de Marketing & Comercial e pelo Departamento de Formação.

Tiago Amaral, diretor financeiro. Tiago Amaral tem uma prestigiada carreira na consultoria de gestão Bfh, tendo passado por empresas como a Cto e a Zpt. Com sete anos de experiência em contabilidade e controle, será o responsável pelo Departamento Financeiro.

A sociedade por cotas terá os seguintes departamentos: Financeiro, Formação e Produção de Conteúdos, Marketing & Comercial. O suporte tecnológico será assegurado pela empresa Informática Xpto. Durante o primeiro ano de exploração, a equipe de gestão terá um envolvimento de vinte horas semanais, excetuando-se as horas lecionadas.

## Sumário financeiro

A KashInvest precisa de um investimento de R$ 90.000 para o primeiro ano de operações, com aproximadamente R$ 60.000 para operações, R$ 20.000 para o desenvolvimento da plataforma inicial e R$ 10.000 de reserva. O capital inicial será assegurado em 50% pelos sócios fundadores e em 50% por empréstimo bancário.

As operações poderão ser iniciadas após três meses de investimento e prevê-se fechar a primeira parceria estratégica no final do sexto mês, iniciando-se nessa altura os primeiros recebimentos. A análise financeira efetuada determinou uma margem bruta de 50% por curso, com custos operacionais de R$ 60.000 no primeiro ano, aumentando em 10% até ao quarto ano. O retorno do investimento acontecerá no segundo trimestre do terceiro ano de exploração. A demonstração de resultados provisional (simplificada) é a seguinte:

|  | Ano 1 | Ano 2 | Ano 3 | Ano 4 |
|---|---|---|---|---|
| **Proveitos e ganhos** | | | | |
| Prestação de serviços | R$ – | R$ – | R$ – | R$ – |
| Vendas | R$ 80.000 | R$ 160.000 | R$ 176.000 | R$ 193.600 |
| Total proveitos e ganhos | R$ 80.000 | R$ 160.000 | R$ 176.000 | R$ 193.600 |
| **Custos e perdas** | | | | |
| Custos variáveis | R$ 40.000 | R$ 78.000,00 | R$ 81.000 | R$ 90.000 |
| Margem bruta | – 50% | – 51% | – 54% | – 54% |
| Investimento inicial | R$ 30.000 | R$ – | R$ – | R$ – |
| Custo fixos | R$ 60.000 | R$ 66.000 | R$ 72.600 | R$ 79.860 |
| Amortizações | R$ – | R$ – | R$ – | R$ – |
| Fornecimentos e serviços externos | R$ – | R$ – | R$ – | R$ – |
| Total custos e perdas | R$ 130.000 | R$ 144.000 | R$ 153.600 | R$ 169.860 |
| Resultados antes dos impostos | R$ – 50.000,00 | R$ 16.000 | R$ 22.400 | R$ 23.740 |

Note-se que, como empresa de treinamento credenciada, a KashInvest terá isenção de IVA (Imposto sobre o Valor Agregado ).[13]

## Construa seu plano de negócios numa página

Após ter adquirido as ferramentas para criar o seu próprio negócio, sugiro que as sistematize através da elaboração do seu plano de negócios. Todos os negócios deveriam ter uma folha de resumo, que serve de base para pensar no negócio. Por isso, sugiro que use o mapa mental a seguir para organizar seu conhecimento e colocar mãos à obra.

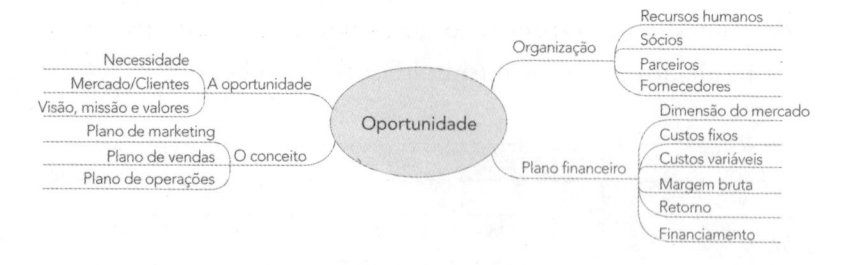

**Oportunidade**

- A oportunidade
  - Necessidade
  - Mercado/Clientes
  - Visão, missão e valores
- O conceito
  - Plano de marketing
  - Plano de vendas
  - Plano de operações
- Organização
  - Recursos humanos
  - Sócios
  - Parceiros
  - Fornecedores
- Plano financeiro
  - Dimensão do mercado
  - Custos fixos
  - Custos variáveis
  - Margem bruta
  - Retorno
  - Financiamento

---

13 IVA significa Imposto sobre Valor Agregado, um imposto europeu que, no Brasil, corresponde à soma de vários impostos, como ICMS e ISSQN.

## Para aplicar!

- As pequenas empresas põem o dinheiro para trabalhar e podem fazer isso também para você. O empreendedorismo surge cada vez mais como a alternativa mais segura ao trabalho assalariado. Pondere a criação de seu próprio negócio, agora!

- Há vários tipos de empreendedor, mas todos eles são proativos, apaixonados pelos seus negócios e sentem necessidade de realização pessoal por meio de suas competências. Descubra que tipo de empreendedor você é.

- Aprenda a lidar com problemas difíceis, a fazer malabarismo com várias tarefas e a comunicar o que pretende. Crie soluções, tenha visões arrojadas, seja íntegro.

- Desenvolver um negócio próprio não é difícil. Siga os seguintes passos: identifique a oportunidade, determine as competências necessárias e motivações, avalie a oportunidade, decida se deve avançar ou não, elabore o plano de negócios e comece a implementá-lo.

- As oportunidades podem aparecer pela sua análise pessoal do mundo, pela procura de tendências e novas leis, na internet, em revistas, em viagens e em muitas outras fontes. Registre as oportunidades que lhe aparecem e avalie-as!

- Aprenda a calcular os custos de oportunidade de tudo o que faz.

- Pondere bem o tamanho do negócio que pretende montar. Não tenha problemas em ser pequeno.

- Faça muito bem as contas dos custos, da margem bruta e do potencial de retorno do seu negócio.

- Escolha negócios na área da informação. Você poderá operá-los a partir de qualquer local, inicialmente têm baixos custos e não se esqueça de que vivemos numa economia do conhecimento.

- Analise o tema que prefere, escolha o meio de empacotar e transmitir o conhecimento e torne-se o especialista desse nicho.
- Crie um plano de negócios para ajudá-lo a estruturar suas ideias e pensar no negócio.
- Defina bem qual o objetivo do seu negócio e venda. A primeira fase de qualquer empresa é conseguir clientes para atingir o ponto de retorno.
- Encontre sua proposta de valor e comunique sempre os benefícios.
- Comece com uma estrutura leve e seja um mestre na contenção de custos operacionais que não o ajudem a vender.
- Escolha bem seus sócios e a equipe de gestão, como se se tratasse de seu casamento.
- Crie seu diagrama organizacional com a estrutura da empresa, mesmo que seja você a pessoa responsável por todos os departamentos. Assim você estará especificando a forma como a empresa está dividida e terá seu plano para o crescimento em mãos.
- Crie seu plano de operações quando descobrir a estratégia de vendas e o produto que vende.
- Seu plano financeiro é essencial para gerir a liquidez. Peça apoio, se necessário, mas tenha sempre uma forte demonstração de resultados.
- Existem inúmeras fontes de financiamento. Se possível, utilize algum dinheiro seu, nunca comprometendo o que guarda para situações de emergência e sem recorrer aos 3Fs.
- Quando já estiver operando seu negócio, garanta que a contabilidade esteja perfeitamente afinada. O contador (ou o consultor financeiro) é o braço direito dos pequenos negócios, mas você deverá fazer a contabilidade de gestão em centavos.

# E agora?

*Você pode e deve moldar seu futuro, porque, se não o fizer, certamente alguém o fará por você.*

JOEL BARKER

A persistência e a consistência compensam. Ao chegar até aqui, você acreditou no processo, analisou várias teorias e adquiriu novas ferramentas. Certamente, está mais desperto para o dinheiro que circula na sua vida e para o dinheiro à sua volta. Falta agora o passo mais importante: passar à ação. Agora você já sabe que não são as ideias e as teorias que movem montanhas. Os livros são ótimos para mudar alguns paradigmas e descobrir conceitos novos, mas têm de ser complementados com a prática. Sua vida será muito mais rica com sua experiência pessoal.

Se ainda não começou a aplicar o que aprendeu, comece agora. Peter Drucker começava muitas das suas comunicações dizendo: "No final não quero que me digam o que aprenderam, mas sim o que mudaram na sua vida". É por isso que lhe peço só mais uma coisa. Peço-lhe um comprometimento, por escrito, de algo que vai começar a fazer todos os dias, como um ritual, para gerar mais dinheiro. Poderá ser a construção de uma fonte de rendimento adicional, a melhoria de um negócio seu que já exista, ou outra coisa que o ajude no caminho para a criação de capital. Comprometa-se honestamente com o que acha que é melhor para você e faça-o:

___

Acredite em você, teste o que aprendeu e comece hoje a diversificar seus rendimentos e a trabalhar no negócio que pode torná-lo financeiramente independente. Pode até já ter tentado dez, cinquenta ou mesmo cem métodos para ganhar dinheiro, mas há sempre mais um que pode tentar de forma diferente.

Votos de sucesso e bons empreendimentos!

Pedro Queiroga Carrilho
Lisboa, junho 2010

# Bibliografia

ALLEN, David, *Getting things done.*, Nova York, Penguin, 2003.
ALLEN, Robert G., *Multiple streams of income*, Nova Jersey, John Wiley & SonsInc., 2005.
BANNATYNE, Duncan, *Anyone can do it*, Nova York, Orion, 2007.
BEN-SHAHAR, Tal, *Aprenda a ser feliz*, Lisboa, Lua de Papel, 2009.
BERNSTEIN, Peter e Annalyn Swan, *All the money in the world*, Nova York, VintageBooks, 2007.
BYERS, Thomas Byers e Richard Dorf, *Technology ventures*, Nova York, McGraw-Hill, 2010.
CARDOSO, Jaime Fidalgo e Jorge Rodrigues, *Peter Drucker – O essencial sobre a vida e a obra do homem que inventou a gestão*, Lisboa, Centro Atlântico, 2006.
CARREÑO PUENTES, Rigoberto, *Finanzas para papá*, Nova York, Corpuma Editores, 2006.
COVEY, Stephen R., *The 7 habits of highly effective people*, Nova York, Free Press, 2004.
DEMARTINI, John, *Como ganhar uma fortuna dos diabos e ainda assim ir para o céu*, Lisboa, Pergaminho, 2006.
DIONÍSIO, Pedro e Joaquim Rodrigues, *Mercator*, Lisboa, Dom Quixote, 1992.
FERRISS, Thimothy, *4 horas por semana*, Lisboa, Casa das Letras, 2008.
FRANZESE, Michael, *Lições de gestão de um ex-patrão da máfia*, Lisboa, Lua de Papel, 2010.

GALLO, Carmine, *10 segredos simples dos melhores comunicadores do mundo dos negócios*, Lisboa, Plátano Editores, 2007.

GERBER, Michael E., *The e-myth revisited*, Nova York, Harper Collins, 1995.

GLADWELL, Malcolm, *Outliers*, Nova York, Little Brown, 2008.

GODIN, Seth, *O ponto morto*, Lisboa, Lua de Papel, 2009.

GOLEMAN, Daniel, *Inteligência emocional*, Lisboa, Temas e Debates, 1999.

GREENBLATT, Joel, *Invista e fique rico*, Lisboa, Lua de Papel, 2007.

GUNTHER, Max, *The Zurich axiomes*, Londres, Harriman House, 1985.

HANSEN, Mark e Robert Allen, *The one minute millionaire*, Nova York, Three Rivers Press, 2002.

HASHEMI, Sahar, *Anyone can do it*, Nova York, Capstone, 2007.

HAYDEN, Ruth, *For richer, nor poorer*, Flórida, Health Communications Inc., 1999.

HILL, Napoleon, *Pense e fique rico*, Lisboa, Lua de Papel, 2006.

HUGHES, Mark, *Buzz marketing*, Lisboa, Actual Editora, 2006.

JERICÓ, Pilar, *Medo zero*, Lisboa, Lua de Papel, 2009.

KENNEDY, Dan S., *How to make millions with your ideas*, Nova York, Penguin, 1996.

KIM, Chan e Renée Mauborgne, *Blue ocean strategy*, Boston, Harvard, 2005.

KIYOSAKI, Robert, *Pai rico, pai pobre*, São Paulo, Campus, 1980.

KIYOSAKI, Robert, *O guia de investimentos*, São Paulo, Campus, 2002.

MASTERSON, Michael, *Seven years to seven figures*, Nova Jersey, Wiley, 2008.

MCK ENNA, Paul, *Mude a sua vida em sete dias*, Lisboa, Lua de Papel, 2009.

PENN, Mark e E. Zalesne, *Microtendências*, Lisboa, Lua de Papel, 2009.

RASIEL, Ethan M., *The McKinsey way*, Nova York, McGraw-Hill, 1999.

RATH, Tom, *Strenghts Finder 2.0*, Nova York, Gallup Press, 2007.

SEALY, Anneke e Brent Holloway, *Sales 2.0*, Nova Jersey, Wiley, 2009.

STANLEY, Thomas e William Dank, *The millionaire next door*, Nova York, Pocket Books, 1996.

TALEB, Nassim, *O cisne negro*, Lisboa, Dom Quixote, 1989.

TRUMP, Donald, *Wealth buildings 101*, Nova Jersey, Wiley, 2007.

WILCO, Jack, *Vencer*, Lisboa, Atual, 2005.

WISEMAN, Richard, *O fator sorte*, Lisboa, Dom Quixote, 2006.

WHITEHEAD, Bert, *Why smart people do stupid things with money*, Nova York, Sterling, 2009.

# Agradecimentos

Seria impossível ter escrito este livro sem a energia, o apoio e a troca de experiências com todas as pessoas que passaram pelos meus cursos. A todos, um muito obrigado! Espero dar-lhes mais para pensar e para agir com este livro.

À minha família e amigos, pelo apoio constante e entusiasmo com que recebem os novos projetos e ideias. Aos melhores editores de desenvolvimento pessoal, José e Tânia, e a toda a família da Lua de Papel, mais uma vez obrigado, meus amigos.

À Cristina Fernandes e à equipe da Editora Planeta do Brasil pela revisão e cuidado na adaptação do livro ao Brasil, obrigado!

E a ti, Sofia, simplesmente por seres quem és, por estares sempre aí e pelos sonhos conjuntos, que nada seriam sem ti...

# Acknowledgments

# Índice remissivo

## A
Ativos, 20-21
Ativos internos, 72, 85
Acumulação, 26-30
Alavancagem, 108-110, 124
ANJE, 145, 173
Apresentação de elevador, 70
Arquimedes, 108

## B
*Blended marketing*, 176

## C
Caderno do dinheiro, 138
Cálculo financeiro, 155
Categorias de rendimento, 29, 88, 95, 103
Cesto dos sonhos, 43-44
Cisnes negros, 116
Competências valiosas, 14, 57, 60, 67
Conflitos, 132, 169
Conservação, 26, 30-31
Corrida dos ratos, 90

Corrupção, 75
CRM, 163
Curvas de rendimento, 95
Custo da oportunidade, 138-139, 143
Custo fixo, 150-151
Custo variável, 151

## D
Despesas, 23-24
Diagrama organizacional, 168-170, 181
Dimensão do mercado, 147-148
Direitos de autor, 20, 100-102
Diversificação de rendimentos, 107, 111
Donald Trump, 58, 133

## E
Empreendedor, 128-130
Empreendedorismo, 127-128
Empreendedorismo social, 75
Equipes, 137, 146

## F
Felicidade, 71, 73-74
Financiamento, 172, 182

Foco, 72, 105
Forças, 67, 90, 119
Funcionalidades e benefícios, 166

**G**

Generalista e especialista, 122
Geração 1.000 euros, 23, 41
Gerações, 141
Gestão de tempo, 64
Gratificação, 73-74

**H**

Heranças, 81, 111

**I**

IAPMEI, 113, 145
Imóveis, 20, 28, 95
Info empreendedor, 158, 161
INPI, 102, 174
Internet, 103, 104, 114
Inventar dinheiro, 90

**J**

James Redfield, 69
Jim Rohn, 87
Juros compostos, 100-101

**L**

Legislação, 140
Lidar com o não, 63
Liquidez, 20, 28, 29

**M**

M.E.C.E, 135
Malcolm Gladwell, 66, 118, 123
Mapa de recebimentos, 51, 52, 74
Mapa de rendimentos, 48-50
Mapas mentais, 91, 124
Marca, 137

Margem bruta, 172, 177, 178
Marketing direto, 102, 103, 114, 125
Maséques e maseus, 130
Mentores, 68, 69, 71
Michael Masterson, 165
Microtendências, 141
Milionários, 57-61
Modelos de infoempreendedorismo, 158, 161
Monetizar, 151
Muhammad Yunus, 76

**N**

Nassim Taleb, 74
Negociação salarial, 92, 93
Níveis de riqueza, 36, 37, 39

**O**

Objetivos financeiros, 33, 40
Oportunidades de negócio, 113, 137, 138, 140
Orçamento, 41, 42

**P**

Pague primeiro a você, 28, 117
Parcerias, 113, 125
Pareto e os 80/20, 144
Passivos, 22
Pensamento milionário, 58
Pequenas empresas, 127, 128
Peritos, 116-120
PEST, 140
Planejamento financeiro, 19-30
Plano de marketing, 137, 162
Plano de vendas, 163, 176
Plano financeiro, 24, 44, 55
Plano de negócios, 82
Ponto de retorno das receitas, 153, 154

Princípio do contraste, 164
Proposta de valor, 165, 181

## R

Redes sociais, 120, 121
Regra dos 72, 53
Rendimento recorrente mensal, 104, 107
Rendimentos, 107, 108, 110
Rendimento escalável, 94-95
Rendimentos residuais, 97
RNPC, 174
Robert Cialdini, 33, 164

## S

Seis chapéus pensantes, 104, 105
Sorte, 79
Subscrição, 104, 107
Sumário executivo, 136, 162, 175

## T

Tal Ben-Shahar, 119
Tendências, 75, 140
Thomas Edison, 65
Tipos de empreendedorismo, 125-157
Trabalho assalariado, 15, 21, 48, 49

## V

Valor futuro, 155
Valor líquido, 19, 20
Vendas, 163, 164, 171, 181
Visualização, 34, 35
Volatilidade laboral, 88, 127

## W

Weebly, 114

## Z

ZoHo, 103, 163

Este livro foi composto
utilizando a fonte Bembo Std
para a Editora Planeta do Brasil
em janeiro de 2014.